세계 역사를 움직인 말
딱 한마디 세계사

딱 한마디 세계사
아침독서신문 선정, 고래가숨쉬는도서관 추천

펴낸날 초판 1쇄 2021년 8월 16일 | 초판 4쇄 2024년 9월 1일

글 예영 | **그림** 이나래 | **감수** 김경현
편집 박유경 | **디자인** 김윤희 | **홍보마케팅** 이귀애 이민정 | **관리** 최지은 강민정
펴낸이 최진 | **펴낸곳** 천개의바람 | **등록** 제406-2011-000013호 | **주소** 서울시 영등포구 양평로 157, 1406호
전화 02-6953-5243(영업), 070-4837-0995(편집) | **팩스** 031-622-9413 | **사진자료** wikimedia, Shutterstock

ⓒ예영·이나래, 2021 | ISBN 979-11-6573-185-4 73900

* 이 책은 저작권법에 따라 보호받는 저작물이므로 무단전재와 무단복제를 금지하며,
  이 책 내용의 전부 또는 일부를 이용하려면 반드시 저작권자와 천개의바람의 서면 동의를 받아야 합니다.

* 잘못 만든 책은 구입하신 서점에서 바꾸어 드립니다. 천개의바람은 환경을 위해 콩기름 잉크를 사용합니다.
* 종이에 베이거나 긁히지 않도록 조심하세요. 책 모서리가 날카로우니 던지거나 떨어뜨리지 마세요.

제조자 천개의바람 **제조국** 대한민국 **사용연령** 11세 이상

세계 역사를 움직인 말

딱 한마디 세계사

예영 글 | 이나래 그림 | 김경현 감수

천개의바람

차례

머리말 ······ 6

눈에는 눈, 이에는 이
함무라비 법전(기원전 1750년경) ······ 8

천상천하 유아독존
석가모니(기원전 624년경~기원전 544년경) ······ 16

주사위는 던져졌다!
율리우스 카이사르(기원전 100년~기원전 44년) ······ 24

종교에는 강요가 없다
쿠란(633년경) ······ 34

하느님이 그것을 원하신다!
우르바누스 2세(1035년경~1099년) ······ 42

성을 쌓는 자 망하고, 길을 가는 자 흥하리라!
칭기즈 칸(1162~1227년) ······ 52

면죄부를 사는 것보다 불쌍한 사람과 가난한 사람을 도와주는 게 더 선하다
마르틴 루터(1483~1546년) ······ 62

빵이 없으면 케이크를 먹게 해!
마리 앙투아네트(1755~1793년) ······ 72

국민의, 국민에 의한, 국민을 위한 정부는 이 땅에서 사라지지 않을 것입니다
에이브러햄 링컨(1809~1865년) ······ 82

만국의 노동자여, 단결하라!
카를 마르크스(1818~1883년) ······ 92

우리도 4시 45분부터 응사하고 있습니다
아돌프 히틀러(1889~1945년) ······ 100

검은 고양이든, 흰 고양이든 쥐만 잘 잡으면 된다
덩샤오핑(1904~1997년) ······ 112

추천의 글 ······ 120

딱 한마디 세계사 인물 찾아보기 ······ 121

머리말

    세계사의 굵직굵직한 사건들에서는 역사 속 인물이 남긴 중요한 말 한마디를 자주 찾아볼 수 있어요. '눈에는 눈, 이에는 이', '주사위는 던져졌다!' 같은 말을 어딘가에서 들어 본 것 같지 않나요?
    지금도 사람들은 역사 속 인물이 남긴 한마디를 곰곰이 생각하고 그 뜻을 되새겨 보려고 해요. 어떤 한마디는 한층 살기 좋은 세상으로 변화를 불러왔지만, 어떤 한마디는 전쟁과 갈등을 일으켰기 때문이에요. 역사 속 한마디의 참뜻을 알면 지금 마주하고 있는 문제의 해결 방법을 찾는 데 도움을 받을 수 있어요. 또 조금 더 살기 좋은 세상을 만들 수도 있지요.
    이 책에는 세계의 역사에 영향을 끼친 중요한 한마디가 시대순으로 소개되어 있어요. 정확한 내용은 잘 몰라도 어디선가 한 번쯤 들어 본 한마디가 여러분의 눈길을 끌 거예요.

순서는 아무래도 좋아요. 관심이 가는 한마디를 펼쳐 보세요. 그 한마디가 나오게 된 배경은 무엇인지, 사람들은 왜 그 한마디에 그토록 열광했는지, 그 한마디로 인해 어떤 사건이 벌어졌고 또 어떤 결과에 이르렀는지 차근차근 따라가 보세요. 그렇게 한마디씩 읽다 보면 눈치채지 못한 사이 복잡한 세계사의 흐름을 머릿속에 그릴 수 있게 될 거예요. 또 마냥 어렵기만 하던 세계사가 조금 더 가깝고 흥미롭게 느껴질 테고요. 어쩌면 이 책에 미처 싣지 못한 또 다른 한마디를 찾아보게 될지도 몰라요.

오늘, 지금 이 시간에도 세계 곳곳에서는 누군가 역사를 뒤흔들 한마디를 하고 있을 거예요. 어떤 한마디가 역사에 남게 될까요?

— 2021년 여름, 예영

눈에는 눈, 이에는 이
함무라비 법전(기원전 1750년경)

　기원전 3천 년 무렵, 세계 각지에서 고대 문명이 싹트기 시작했어요. 사람들은 농사를 짓고 살며 건축물을 세웠어요. 하늘을 관찰해 달력을 만들거나 최초의 문자를 만들기도 했지요. 그중 메소포타미아 문명은 지금의 이라크 지역에서 탄생했어요.

　메소포타미아는 고대 그리스어로 '두 강 사이'라는 뜻인데, 티그리스강과 유프라테스강 사이 비옥한 땅에 위치해 있었지요. 영양분이 풍부한 이 땅에서는 무엇이든 잘 자랐어요. 수메르 사람들은 메소포타미아에 도시를 만들고 오늘날 우리가 누리는 문명의 기반을 닦았답니다.

　기원전 2천 년 무렵이 되자 아무루 사람들이 메소포타미아 지역을 차지하고 바빌로니아 왕국을 세웠어요. 아무루 사람들은 수메르 사람들의 법을 바탕으로 세계 법 역사의 기초가 되는 법문을 만들어요. 바로 함무라비 법전이지요.

바빌로니아 왕국은 기원전 1790년 무렵, 함무라비가 여섯 번째로 왕위에 오르면서 전성기를 맞아요. 함무라비왕은 메소포타미아 전 지역을 통일하며 거대한 왕국을 다스렸어요. 정복한 지역마다 신전을 세워 땅의 주인이 바빌로니아임을 알렸지요.

그런데 함무라비왕은 바빌로니아가 메소포타미아를 통일한 기쁨을 누리지 못하고 골머리를 앓았어요. 넓어진 땅을 다스린다는 게 만만치 않았기 때문이었지요. 나라를 질서 있게 다스릴 방법이 필요했어요. 함무라비왕은 고민 끝에 답을 찾았어요.

"그래, 법이야. 백성들이 왕을 따르도록 법을 바로 세워야 해."

당시 메소포타미아 지역에는 수메르 사람들이 살았을 때 만든 법이 전해 내려오고 있었어요. 바빌로니아에 앞서 메소포타미아 지역을 차지했던 아카드 사람들이 만든 법도 있었지요. 도시마다 따르는 법이 달라 서로 다른 도시에 사는 사람들 사이에 문제가 생기면 해결하기가 어려웠어요. 어떤 도시에서는 범죄가 되는 행동이 다른 도시에서는 전혀 문제가 되지 않기도 하니까요.

함무라비왕은 법을 통일해 왕국 전체가 같은 법을 따르도록 하면 도시마다 통치자를 따로 둘 필요가 없어 왕의 힘이 세질 거라고 생각했어요. 또 도시 간의 교류도 갈등 없이 원만해질 수 있고요. 메소포타미아 지역에 오랫동안 살아왔던 수메르 사람들과 바빌로니아 왕국의 아무루 사람들이 서로 잘 어울려 살아갈 수 있을 거라는 기

대도 있었지요.

함무라비왕은 당장 신하들에게 명을 내렸어요.

"바빌로니아 왕국 안에 있는 모든 도시의 법을 조사해라. 그리고 그 법들을 한데 모아 법전을 만들도록 하라!"

법전이란 법을 체계적으로 통일해 문자로 기록하고 엮은 것으로 쉽게 말해 법률 모음집이라고 할 수 있어요. 함무라비왕의 명을 받은 신하들은 각 지역의 법을 조사해 왔어요. 법은 대부분 수메르 사람들과 아카드 사람들이 만들어 사용하던 것이었어요. 함무라비왕은 이 법들을 바탕으로 바빌로니아 왕국에 맞는 법을 만들도록 했어요. 그리하여 기원전 1750년 무렵 『함무라비 법전』을 완성했답니다.

함무라비 법전은 '이 땅에 정의를 실현하기 위해, 그리하여 강자가 약자를 함부로 해하지 못하게 하기 위해'라는 서문으로 시작해요. 집이나 땅 같은 재산에 관한 문제부터 죽은 뒤 재산을 물려주는 상속에 관한 문제, 물건을 사고파는 거래에 관한 문제 등 다양한 내용의 형벌과 규정을 총 282개 조항에 싣고 있어요.

함무라비 법전을 오늘날의 기준으로 보면 불합리한 면이 많아요. 당시 사회가 귀족, 평민, 노예로 나눠진 계급 사회였던 만큼 신분에 따라 법이 차별적으로 적용되었거든요. 또 잦은 전쟁으로 전투에 나가 싸우는 남자의 역할이 중요했기 때문에 여자보다 남자에게 유리한 법이기도 했어요. 함무라비 법전에 있는 조항을 한번 볼까요?

오늘날 많은 사람들이 기억하는 대로 함무라비 법전은 당한 만큼

> 제196조 평민이 귀족의 눈을 쳐서 빠지게 하였으면 그의 눈을 뺀다.
> 제197조 평민이 귀족의 뼈를 부러뜨렸으면 그의 뼈를 부러뜨린다.
> 제200조 귀족이 자기와 같은 계급 사람의 이를 부러뜨렸다면 그의 이를 부러뜨린다.

앙갚음을 하라고 되어 있어요. 이러한 함무라비 법전의 원칙을 잘 담고 있는 한마디가 바로 '**눈에는 눈, 이에는 이**'예요.

지금의 기준으로는 야만적이라 느껴지는 내용의 법이지요? 내가 당했다고 그대로 갚아 주는 게 올바른 걸까 의심도 들고요.

이 법을 이해하려면 법이 만들어진 상황을 고려해야 해요. 함무라비 법전이 만들어질 때의 사람들은 누군가에게 폭력을 당하면 폭력으로 되갚아 줬어요. 가령 내 자식이 누군가에게 손가락이 잘렸다면, 부모는 자식의 손가락을 자른 사람의 손목을 잘라요. 손목을 잘린 사람의 가족은 더 강력한 방법으로 복수를 하고, 이 복수는 다시 더 잔인한 복수로 이어지며 결국 부족 간의 다툼으로까지 커지는 경

세계 3대 법전인 함무라비 법전

함무라비 법전은 1901년, 페르시아의 고대 도시 수사에서 프랑스와 이란의 공동조사단이 발굴했어요. 법전은 높이 2.25m, 너비 65cm, 둘레 1.9m의 돌비석에 새겨져 있었지요. 이때부터 함무라비 법전은 '세계 최초의 성문법'으로 불렸어요. 그러다가 1947년에 함무라비 법전보다 80년 이상 앞선 리피트-이시타르 법전이 발견되었고, 1952년엔 기원전 2050년경에 만들어진 우르-남무 법전이 발견되면서 '세계 최초의 성문법'이라는 타이틀을 내려놓았어요. 하지만 함무라비 법전은 로마 대법전, 나폴레옹 법전과 함께 세계 3대 법전으로 불리며, 여전히 역사상 가장 중요한 법전 중 하나로 여겨지고 있어요.

우가 많았어요.

그래서 함무라비 법전에서는 반드시 해를 끼친 당사자에게 법이 정한대로만 벌을 주도록 명시했어요. 손가락 하나를 잘랐다면 상대방의 손가락을 하나만 잘라야지 두 개를 자를 수 없도록요.

그러니까 '눈에는 눈, 이에는 이'라는 말은 단순히 복수를 하라는 뜻이 아니라 법이 정한 바를 존중하고 따르라는 의미예요. 이러한 원칙은 현대의 법에서도 중요하게 여기는 기본 원리지요.

함무라비는 법전을 새긴 돌비석을 신전에 세워 놓도록 했어요. 바빌로니아 왕국 사람 모두가 법전을 보고 법을 지키도록 하기 위해서였어요. 이로써 바빌로니아 왕국은 법으로 나라를 통치하는 한 단계 발전된 나라가 되었어요. 함무라비 법전은 이후 서남아시아 지역의 여러 나라가 법 체계를 갖추는 데 큰 영향을 주었답니다.

 한눈에 쏙! 세계사 돋보기

함무라비 법전에 담긴 현대 법의 모습

　함무라비 법전은 당시로서는 무척 혁신적이었어요. 다른 사람의 집에 허락 없이 들어가거나, 남의 재산을 훔치거나 망가트리는 것을 처벌했어요. 위증과 사기에 대한 처벌도 있었지요. 개인의 재산을 보호하고 이전 시대의 나쁜 관습을 법으로 금지해 사회를 한 단계 발전시킨 거예요.

　또 함무라비 법전에는 죄가 있는지 없는지 판단할 때 증거를 제시해야 한다는 내용도 담겨 있었어요. 현대의 법정에서 가장 중요하게 여기는 증거주의 원칙이 무려 3,700여 년 전의 법전에서 언급되고 있는 것이지요. 무엇보다도 '이 땅에 정의를 실현하기 위해' 만들어졌다는 함무라비 법전의 목적은 오늘날은 물론 앞으로도 계속될 법의 가장 중요한 가치가 아닐까요?

오늘날 많은 나라의 대법원 앞에는 법을 대표하는 상징물인 정의의 여신상이 세워져 있어요. 저울은 공평함을, 칼은 정의를 나타내지요. 우리나라 대법원의 여신상은 칼 대신 법전을 들고 있어요.

천상천하 유아독존

석가모니 (기원전 624년경 ~ 기원전 544년경)

　인도양을 향해 역삼각형 모양으로 튀어나와 있는 인도는 일찍이 인더스강을 중심으로 인더스 문명을 꽃피우며 번영했어요. 기원전 1500년 무렵에는 중앙아시아와 러시아 남부 지역을 떠돌며 살던 유목 민족 아리아인이 인도로 들어오며 큰 변화를 맞이했어요. 아리아인은 뛰어난 무기를 앞세워 인도 문화의 새로운 주인이 되었지요.

　당시 아리아인은 다양한 신을 믿으며 복잡하고 엄격한 절차에 따라 제사를 지냈어요. 제사를 위해 낮은 신분의 사람들에게 희생을 강요했지요. 이에 불만을 가진 사람들이 차츰 생겨났어요. 그중에는 장차 세계 3대 종교의 하나가 될 불교를 탄생시킨 석가모니도 있었답니다.

기원전 624년, 지금의 네팔 지역의 히말라야산맥 부근에 자리 잡은 석가족 왕국의 수도 카필라바스투에서 아기가 태어났어요. 오랫동안 아들이 태어나지 않아 걱정이 많았던 슈도다나왕과 마야 부인 사이에서 드디어 왕자가 탄생한 기쁜 순간이었지요.

왕자는 태어날 때부터 범상치 않았어요. 마야 부인의 옆구리에서 태어났거든요. 게다가 태어나자마자 일곱 걸음을 걷더니 오른손으로 하늘을 가리키고 왼손으로 땅을 가리키며 이렇게 말했답니다.

"천상천하 유아독존."

왕자의 이름은 고타마 싯다르타였어요. 바로 불교의 창시자인 석가모니랍니다. 석가모니란 석가족에서 나온 성자라는 뜻이에요.

왕자로 태어난 싯다르타에게는 높은 지위를 누릴 수 있는 삶이 약속되어 있었어요. 아름다운 아내와 결혼해 눈에 넣어도 아프지 않을 아들을 낳았지요. 호화로운 왕궁에서의 부족할 것 없는 생활이었어요.

그러던 어느 날 왕궁 밖을 나왔다가 지팡이 하나에 의지해 간신히 걸음을 딛는 노인, 병에 걸려 몸을 제대로 가누지 못하며 괴로워하는 병자, 죽어서 장례를 치르는 사람들을 보게 되었어요. 사람은 누구나 태어나고 늙고 병들고 죽는 생로병사의 고통을 겪는다는 사실이 새삼 눈에 들어왔어요. 이 고통은 누구도 피해갈 수 없었지요.

올바른 삶에 대한 의문이 꼬리에 꼬리를 물었고, 도저히 더 이상 예전처럼 왕궁 안에서 편안하게 지낼 수가 없었어요. 싯타르타는 결

인간은 어떤 존재인 걸까?
인간은 왜 고통을 겪으며 살아야 할까?
인간으로 산다는 것은 무엇일까?
고통에서 벗어날 방법은 없을까?

국 사랑하는 아내와 아이를 남겨둔 채 수많은 의문의 해답을 찾기 위해 몰래 왕궁을 빠져나왔어요.

그날 이후 싯다르타는 방방곡곡을 떠돌아다니며 사람들이 살아가는 모습을 직접 눈으로 보았어요. 사람들의 삶은 한마디로 정의하기가 어려웠어요. 사람들은 기쁨, 노여움, 고통, 괴로움 등 태어나 죽을 때까지 수많은 삶의 문제에 부딪히며 살아가고 있었어요.

싯다르타는 이 문제들을 해결할 수 있는 진리가 없을까 고민했어요. 진리를 찾기 위해서라면 스스로 몸을 고통스럽게 하는 고행도 마다하지 않았지요. 하루에 곡식 한 톨을 먹고 버티기도 하고, 뾰족뾰족한 가시나 못 박힌 판자 위에 눕기도 하고, 뜨거운 햇볕에 몸을

태우기도 했어요. 사람들이 침을 뱉어도, 오줌을 눠도 화내지 않고 마음의 평화를 지켰어요. 그런데도 진리를 찾을 수 없었어요.

  어느덧 왕궁을 떠난 지 여섯 해가 지났어요. 좁은 동굴 속에서 오래도록 고행을 한 탓에 몸이 몹시 쇠약해져 일어나서 걷는 것조차 힘들 지경이었어요. 싯다르타는 산에서 내려와 보리수나무 아래에 눈을 감고 앉았어요. 여러 날 꼼짝도 하지 않고 차분히 생각에 집중했지요. 그리고 마침내 그토록 찾아 헤매던 진리를 깨달았어요.

  싯다르타는 여러 나라를 돌아다니며 깨달음을 전했어요. 사람들은 싯다르타를 붓다라고 부르기 시작했어요. 붓다는 '깨달은 자'라는 뜻이고, 여기서 부처라는 말이 나왔어요. 붓다는 세상 사람 모두가 평등하다고 강조했어요. 누구든지 명상과 수행을 하며 노력한다면 깨달음을 얻을 수 있고, 깨달음을 얻는 자가 바로 붓다라고 말이에요. 붓다의 가르침은 계급이 낮은 사람들의 열렬한 지지를 받았어요.

　당시 인도 지역에는 사람들의 계급을 나누어 차이를 두는 신분 제도가 있었어요. 가장 높은 신분인 브라만은 신에게 제사를 지내는 사제들이었어요. 그 아래 신분인 크샤트리아는 왕족과 귀족으로 나라의 정치나 군사, 행정에 관한 일을 맡았어요. 그 아래 바이샤는 평민으로 농사를 짓거나 장사를 해서 세금을 내야 했어요. 가장 아래 계급인 수드라는 노예로 위의 세 계급을 섬겼지요. 또 이 계급 어디에도 속하지 못해 손도 닿지 말아야 할 만큼 더러운 천민으로 취급받는 사람들도 있었어요.

오늘날 인도에 여전히 신분 제도가 있다고요?
카스트 제도라고 부르기도 하고 '바르나'라고 부르기도 하는 신분 제도가 남아 있어요. 많은 인도 사람들이 카스트 제도를 개혁하려고 노력해 왔어요. 가장 낮은 신분을 보호하는 법을 만들기도 했고요. 그런데도 카스트 제도의 계급은 점점 분화되어 지금은 2,500개가 넘을 정도예요. 여전히 사람들의 삶 모든 부분에 계급이 깊은 영향을 주고 있답니다.

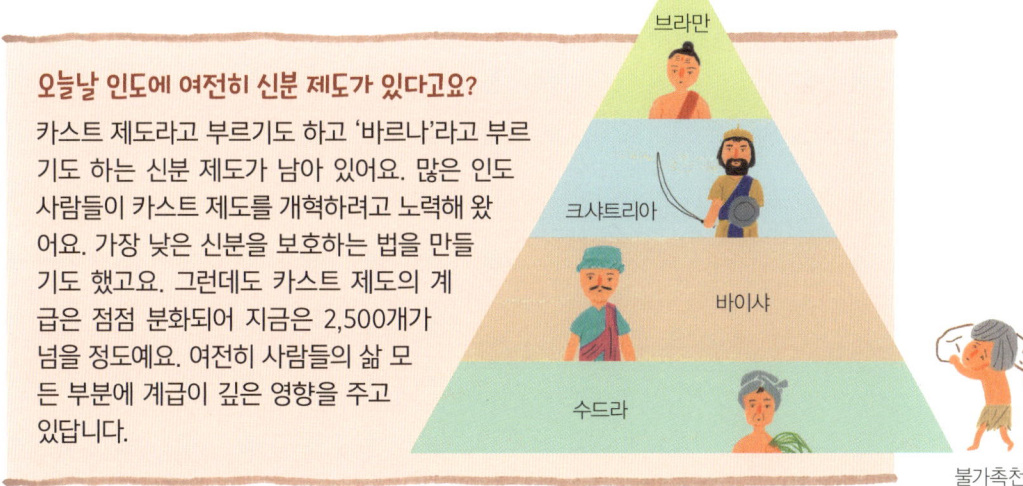

불가촉천민

붓다는 신분에 차별을 두지 않고 제자를 받아들였어요. 가장 높은 신분인 브라만 계급을 비판하기도 했어요. 브라만은 신에게 제사를 올린다며 낮은 신분 사람들에게 공물을 바치게 하고, 자신들은 배불리 먹으며 권력을 마음껏 누렸거든요.

"천상천하 유아독존."

이 말을 글자 그대로 해석하면 하늘 위, 하늘 아래 오직 나만이 존귀하다는 뜻이에요. 흔히 '천하에 나만큼 잘난 사람은 없다!', '내가 최고!'라고 자부하는 뜻으로 쓰이지요. 그렇지만 이 말의 참뜻은 따로 있답니다. '전 세계에서 나는 하나, 한 사람 한 사람의 인간이 가장 귀하다'라는 것이에요.

붓다가 말한 인간이란 신분이 높거나 재물이 많은 특별한 사람을 가리키는 게 아니에요. 이 세상에 태어난 모든 사람을 말하지요. 남자든 여자든, 신분이 높든 낮든, 나이가 많든 적든 누구나 다 귀한 존재로 여기는 거예요.

붓다는 세상을 뜰 때까지 45년 동안 사람들에게 깨달음을 전했고, 그것이 곧 불교의 교리가 되었어요. 옛날과 같은 신분 제도는 거의 사라졌지만, 오늘날에는 경제적인 면이나 사회적 지위 등에 따라 보이지 않는 신분제가 만들어지고 있어요. '이 세상에 태어난 인간은 모두가 귀하고 평등하다'는 붓다의 가르침은 오늘을 사는 우리에게도 꼭 필요한 말이랍니다.

한눈에 쏙! 세계사 돋보기

인도에서 시작된 불교는 어떻게 아시아로 퍼져 나갔을까요?

불교는 기원전 3세기 무렵, 인도를 최초로 통일한 마우리아 왕조의 아소카왕이 국가의 종교로 삼으면서 인도 전역으로 퍼졌어요. 아소카왕은 인도를 통일하는 과정에서 수많은 사람을 죽게 한 것을 뉘우치며 곳곳에 절과 탑을 세워 불교를 장려했지요. 이때 승려들은 엄격한 수행 과정을 거쳐 깨달음을 얻는 것을 중요하게 여겼어요. 이를 소승 불교라고 해요. 소승 불교는 스리랑카, 태국, 베트남 등 동남아시아로 전해졌어요.

인도의 아잔타에 있는 불교 석굴이에요. 기원전 2세기부터 5세기에 걸쳐 만들어졌어요.

대승 불교 시기에 기도실로 쓰였던 26번 석굴이에요. 붓다의 죽음을 슬퍼하는 제자들의 표정이 생생하게 표현되어 있어요.

마우리아 왕조가 무너지고 300여 년이 지난 1세기 중엽, 인도에는 쿠샨 왕조가 들어섰어요. 쿠샨 왕조에서는 불교를 널리 전해 보다 많은 사람들을 구해야 한다는 대승 불교가 등장했어요. 사람들은 부처를 신적인 존재로 여기며 섬겼고, 부처의 모습을 조각한 불상을 만들었지요. 대승 불교는 중국을 거쳐 몽골, 티베트, 우리나라, 일본 등 동북아시아 여러 나라에 전해졌어요. 우리나라는 고구려 소수림왕 때인 372년에 불교를 처음 받아들였고, 고려 시대에는 불교를 국교로 삼았습니다.

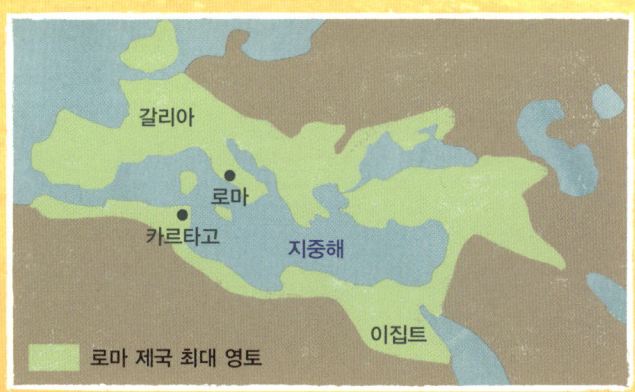

　기원전 700년경부터 세계에는 전쟁을 벌여 여러 민족과 나라를 통치하는 제국이 등장하기 시작했어요. 지금의 이란 땅에 세워진 페르시아 제국은 이집트에서 인도에 이르는 드넓은 지역을 기원전 550년 무렵부터 약 200년 동안 다스리며 번성했지요. 페르시아 제국이 사라진 뒤, 세계 곳곳에서 넓은 땅을 다스리는 제국이 세워졌다 사라졌어요.

　로마 제국은 이탈리아와 유럽, 지중해를 넘어 북아프리카와 페르시아, 이집트까지 고대 역사상 가장 넓은 영토를 차지했어요. 일곱 개의 언덕을 중심으로 만들어졌던 작은 도시 국가가 어떻게 거대한 제국으로 성장할 수 있었을까요? 그 역사적 갈림길에 카이사르가 있었답니다.

기원전 509년, 로마의 귀족들은 왕을 몰아내고 '공화정'이라는 새로운 정치 체제로 나라를 다스렸어요. 그리고 끊임없이 전쟁을 벌이며 영토를 넓혀 나갔어요. 기원전 3세기 무렵에는 이탈리아 반도를 통일했고, 해상 강국 카르타고와 120년 동안 세 차례에 걸친 전쟁을 벌여 지중해 일대에서 가장 힘센 나라가 되었지요. 정복한 땅에서 걷은 어마어마한 물자와 세금, 노예로 로마 귀족의 생활은 더할 수 없이 풍요로웠어요.

 그러나 로마 평민들의 생활은 귀족과 많이 달랐어요. 전쟁터에 나가 싸우느라 농사를 짓지 못한 땅은 황무지가 되어버렸어요. 애써 농사를 지어도 소용이 없었어요. 정복한 땅에서 들여오는 값싼 농산

로마의 공화정이란?
왕이나 황제가 나라를 다스리는 것이 아니라, 시민이 참여하는 평민회에서 뽑은 두 명의 집정관에게 1년씩 나라를 다스리게 하는 정치 체제예요.

집정관
군대 지휘와 행정 담당

평민회
관리 선출과 입법, 재판 등
주요 정책 결정

원로원
외교, 재정 및 집정관에
대한 자문 담당

물을 당해낼 수 없었거든요. 평민은 더욱 가난해졌어요. 죽도록 싸운 건 평민인데 귀족들만 전쟁의 이익을 몽땅 차지하자 평민들의 불만이 점점 커졌어요.

이때 귀족 출신 정치가인 그라쿠스 형제가 나섰어요. 땅이 없는 사람들에게 땅을 나눠 주고 농사를 지을 수 있도록 하자는 토지개혁법을 추진했어요. 하지만 조금의 땅도 떼어 주기 싫었던 귀족들의 거센 반대로 실패하고 말았어요.

이후 로마는 더욱 혼란스러워졌어요. 로마가 정복한 지역의 주민과 노예들의 반란이 곳곳에서 일어났고, 귀족은 귀족을 편드는 이들과 평민을 편드는 이들로 갈라져 치열한 싸움을 벌였지요.

카이사르는 유서 깊은 집안 출신으로 여러 전투에서 공을 세운 전쟁 영웅이자 정치가였어요. 평민들의 입장을 헤아린 정책을 주장해 평민들에게 인기가 많았지요. 하지만 번번이 원로원 귀족들의 반대에 부딪혀 뜻하는 바를 실행할 수 없었어요.

카이사르는 혼자서는 원로원과 맞설 수 없다고 생각해 유능한 장군인 폼페이우스, 재력가 크라수스와 손을 잡고 함께 나라를 다스리기로 했어요. 이렇게 세 명이 힘을 모아 나라를 다스리는 것을 '삼두 정치'라고 해요.

처음에 세 사람은 부패한 원로원 귀족들에게 맞서 나라를 잘 다스렸어요. 그러나 크라수스가 파르티아와의 전쟁에서 목숨을 잃자, 카이사르와 폼페이우스 두 사람이 서로 권력을 차지하기 위해 경쟁하게 되었어요. 카이사르는 갈리아 지역의 정복 전쟁을 승리로 이끌어 평민에게 폭발적으로 인기를 얻고 있는 상황이었지요.

폼페이우스와 원로원 귀족들은 위협을 느꼈어요. 카이사르의 세력이 커지는 걸 두려워한 거예요. 결국 폼페이우스와 원로원 귀족이 음모를 꾸몄어요.

"카이사르를 제거하자!"

기원전 49년 1월 12일, 카이사르는 당장 로마로 돌아오라는 원로원의 명령에 따라 군대를 이끌고 루비콘강 앞에 도착했어요. 루비콘강은 로마와 갈리아의 경계에 있는 강이었어요. 강만 건너면 로마였

지요. 그런데 군대를 해산시키지 않고 강을 건너면 반역자로 간주되어 큰 벌을 받아야 했어요.

 카이사르는 강을 건너는 것과 건너지 않는 것, 어느 쪽도 쉽게 선택할 수 없었어요. 원로원이 경쟁자 폼페이우스를 지지하고 있는 상황에서 군대 없이 맨몸으로 돌아가면 목숨이 달아날 수도 있었어요. 군대를 끌고 가는 것도 쉬운 선택은 아니었어요. 그건 바로 전쟁을 치르겠다는 의미였으니까요.

 카이사르는 유유히 흐르는 루비콘강을 바라보며 고민했어요. 그리고 마침내 결단을 내렸어요.

"주사위는 던져졌다."

 일이 되돌릴 수 없는 지경에 이르렀으니 실행할 수밖에 없다는 뜻이었지요. 이 말과 함께 카이사르는 자신을 따르는 군대와 함께 로마로 달려갔어요.

카이사르가 군대를 이끌고 온다는 소식을 들은 폼페이우스가 황급히 군사를 모아 맞섰지만 최강의 전투 실력을 자랑하던 카이사르의 군대를 이길 수는 없었어요.

폼페이우스를 물리친 카이사르는 로마의 1인자가 되었어요. 강력한 권력을 쥐고 로마 전체를 다스리기 시작했지요. 가난한 평민들에게 땅을 나눠 주고 한곳에 정착하도록 하는 등 평민을 위한 정책을 펼쳐 나갔어요. 로마와 정복한 땅 사이에 도로를 만들어 물자가 원활히 운반되도록 했고요. 또 오늘날 우리가 사용하는 달력의 기초가 된 율리우스력을 만들었어요.

로마 시민들은 카이사르에 환호했고, 마침내 로마는 평화를 이룬 것 같았어요. 이러한 분위기에 로마의 지배층도 의견이 분분했어요.

"이제 공화정을 그만두고 황제가 다스리도록 합시다!"

"그래요, 카이사르를 황제로 받듭시다!"

"말도 안 되는 소리! 수백 년간 이어져 온 공화정을 무너뜨릴 순 없지!"

공화정을 지키려는 세력과 황제가 다스리는 나라를 만들려고 하는 세력이 치열하게 대립했어요.

기원전 44년 3월 15일, 여느 날처럼 카이사르가 원로원 회의장으로 들어가려고 할 때였어요. 갑자기 사방에서 사람들이 모여들어 카이사르를 에워쌌어요. 그리고 단검을 마구 휘둘렀지요. 평생 삶과 죽음이 넘나드는 전쟁터에서 싸우던 카이사르였지만 갑작스런 공격에는 당해 낼 재간이 없었어요.

카이사르는 자신을 암살하려는 사람들을 보았어요. 공화정의 전통을 이어가고자 하는 원로원 의원들이었어요. 그중에는 친아들처럼 아끼던 브루투스도 있었지요. 브루투스가 칼에 맞아 비틀거리는 카이사르에게 마지막 일격을 가했어요.

카이사르가 비통한 표정으로 생애 마지막 말을 외쳤어요.

"브루투스, 너마저!"

카이사르가 죽고 난 뒤 카이사르의 양자인 옥타비아누스가 로마를 다스리게 되었어요. 옥타비아누스는 카이사르처럼 되지 않기 위

이탈리아의 화가 빈센초 카무치니가 1798년에 그린 〈카이사르의 죽음〉이에요.

로마의 바티칸 미술관에 있는 옥타비아누스 상이에요.
다리 옆의 돌고래는 해전에서 거둔 큰 승리를,
큐피드는 옥타비아누스가 신의 자손이라는 것을 나타내요.

해 원로원의 의견을 존중하며 정치를 펴 나갔지요. 원로원은 옥타비아누스에게 '존엄한 자'라는 뜻을 가진 '아우구스투스' 칭호를 주며 더욱 더 강한 권력을 줬어요.

옥타비아누스는 살아 생전에 정식으로 황제 자리에 오른 적이 없어요. 그러나 역사가들은 옥타비아누스를 로마 제국 최초의 황제라 부르고, 옥타비아누스가 통치한 시기부터 공화정이 무너지고 황제가 다스리는 제정 시대가 시작되었다고 말한답니다. 제정 시대 로마는 황제에 집중된 권력을 바탕으로 거대한 제국을 이룩하였지요.

카이사르가 루비콘강 앞에서 외친 '주사위는 던져졌다!'는 말은 어떻게 보면 로마의 공화정 체제를 제정 체제로 바꾸게 한 불씨가 아니었을까요?

한눈에 쏙! 세계사 돋보기

세계 곳곳으로 퍼진 로마 문화

로마가 정복해 지배하는 도시에는 로마의 문화가 전해졌어요. 가장 대표적인 것은 뛰어난 건축 기술이에요. 로마는 점령지의 도시마다 도로를 만들어 로마시와 직선으로 연결했어요. 점령지에 문제가 생기면 곧바로 군대를 출동시키기 위해서였지요. 도로가 거미줄처럼 촘촘히 연결되어 있어서 '모든 길은 로마로 통한다'는 말이 생길 정도였어요.

로마 사람들은 석회와 화산재를 섞어 도로를 만들었어요. 오늘날 도로를 만들 때 쓰는 콘크리트 기법을 먼 옛날 로마에서 먼저 발명한 거예요. 도로가 얼마나 튼튼한지 19세기에 철도가 등장할 때까지 사용할 수 있었다고 해요.

건축물에 사용되는 반원 모양의 아치 구조도 로마 사람들이 발전시켰어요. 아치 구조는 건물의 무게를 지탱하는 역할을 해요. 로마 사람들은 아치 구조를 이용해 수로를 세우고 거대한 둥근 지붕을 얹은 건축물을 세웠어요.

로마 제국을 대표하는 유적인 콜로세움은 아치 구조를 이용해 지어졌어요.

종교에는 강요가 없다
쿠란(633년경)

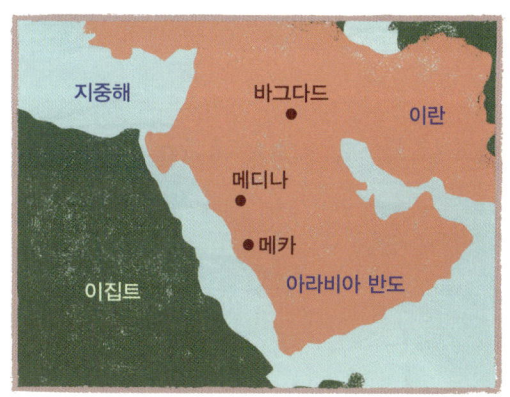

　오늘날 사우디아라비아가 있는 아라비아반도는 4대 문명의 발상지인 이집트와 메소포타미아 사이에 위치해 있어요. 이곳은 6세기경까지만 해도 발전이 더디고 가난했어요. 아라비아반도 대부분이 사막으로 이루어진 황무지였기 때문이었지요. 오아시스를 중심으로 정착해 농사를 짓고 사는 사람들도 있었지만, 대다수 사람들은 먹고살 만한 곳을 찾아 떠돌아다니는 유목 생활을 했어요.

　6세기 말이 되자 아라비아반도에 변화가 일어났어요. 비잔티움 제국과 사산 왕조 페르시아의 전쟁으로 동과 서를 잇는 장삿길이 막히자 아라비아반도가 새로운 길로 떠올랐어요. 수많은 상인들이 오가며 아라비아반도의 서쪽에 있는 메카, 메디나가 순식간에 무역의 중심 도시로 발전했지요. 무함마드는 바로 이 무렵에 이슬람교를 탄생시켰어요.

무함마드는 시리아를 오가며 장사를 하던 상인이었어요. 마흔 살이 되었을 때 메카 근처에 있는 산속 동굴에서 자주 명상을 했어요. 그러던 어느 날 무함마드 앞에 천사 가브리엘이 나타나 "읽어라!" 하고 신의 계시를 내렸어요. 훗날 이슬람교의 경전이 되는 『쿠란』이 '읽음'이라는 뜻인데, 바로 이 첫 계시에서 비롯된 것이랍니다.

이날 이후 무함마드는 사람들에게 신의 말씀을 전하기 시작했어요. 이 세상에 오직 하나뿐인 유일신, 알라를 받드는 '이슬람교'가 생겨난 것이지요.

"알라신 앞에서는 왕이든 귀족이든 노예든 모두 평등합니다!"

노예와 가난한 사람들은 무함마드의 말에 열광했지만, 귀족 같은 지배층은 평등을 이야기하는 무함마드가 탐탁지 않았어요.

당시 아라비아 사람들은 부족마다 다른 신을 믿었고, 신분 질서를 지키며 살아갔어요. 지배층은 알라신만을 믿으라고 하며 모두가 평등하다고 외치는 무함마드가 사회 질서를 무너뜨릴 거라고 생각했어요. 지배층으로부터 목숨이 위태로울 정도의 협박을 받은 무함마드는 고민 끝에 결단을 내렸어요.

"메카를 떠나 메디나로 가자!"

이건 결코 쉬운 결정이 아니었어요. 그 시절에는 자기가 태어나 살던 곳을 떠나 다른 부족이 사는 지역으로 간다는 건 상상도 할 수

메카는 사우디아라비아의 히자즈 지방에 있어요. 무함마드가 태어난 메카는 이슬람교 제1의 성지이며, 카바 신전을 7번 도는 의식을 치르기 위해 매년 250만 명의 순례자들이 메카를 찾아요.

없는 일이었거든요.

결심을 굳힌 무함마드는 622년, 메카를 탈출해 메디나로 향했어요. 이슬람교를 믿는 무슬림은 이 탈출을 '성스러운 도망'이라는 뜻의 '히즈라'라고 불러요. 이슬람 역사에서는 히즈라가 있었던 해를 이슬람이 처음 시작된 해로 삼고 있답니다.

무사히 메디나에 도착한 무함마드는 알라의 뜻을 사람들에게 널리 알렸어요. 자신을 따르는 신자들과 함께 '움마'라는 공동체를 만들어 이끌었지요. 움마에 속한 사람들은 함께 신앙생활을 하는 것은 물론이고, 메카의 지배층과 싸울 준비를 하며 나라의 기초를 세웠어요.

무함마드는 다른 종교의 창시자와는 달리 종교뿐만 아니라 정치와 군사까지 총괄하는 지도자였어요. 이슬람교 신자들은 무함마드의 지휘 아래 알라에 대한 굳건한 믿음으로 하나가 되어 대대적으로 메카를 공격했어요. 그리하여 630년에 메카를 차지했어요.

이슬람교도는 이 전쟁을 '지하드'라고 불러요. '성스러운 전쟁'이라는 뜻이지요. 무함마드는 여기서 멈추지 않았어요.

"아라비아반도 전체를 알라의 이름 아래 통일하자! 하나가 되게 하자!"

632년에 세상을 뜨기 전까지 무함마드는 아라비아반도의 대부분을 통일하고, 이슬람교를 전파했어요. 오랜 세월 통일된 나라 없이 부족 단위로 뿔뿔이 흩어져 살던 아라비아 사람들이 이슬람이라는

종교를 통해 드디어 하나가 된 거예요.

 무함마드가 세상을 뜨자 이슬람 공동체는 무함마드를 대신할 지도자를 뽑고, '무함마드의 대리인'이라는 뜻으로 '칼리프'라고 불렀어요. 이슬람 공동체가 이슬람 제국으로 성장한 뒤에 '칼리프'는 드넓은 제국을 다스리는 정치와 종교 지도자를 뜻하게 되었지요.

 2대 칼리프와 3대 칼리프는 아라비아반도 주변에 있던 사산 왕조 페르시아를 멸망시키고 시리아 지역을 비롯해 비잔티움 제국의 땅이었던 이집트까지 차지했어요. 이후 북아프리카를 정복했고, 중앙아시아 전 지역, 인도의 서북쪽 지역을 손에 넣었어요. 8세기 초, 동양과 서양을 잇는 육지의 비단길은 물론 교역에 중요한 바닷길까지 모두 이슬람 제국의 지배 아래에 있었어요.

이슬람 제국의 수도 바그다드는 동양과 서양에서 몰려든 상인들로 북적였어요. 금과 상아, 향신료와 도자기 등 온갖 귀중한 물건이 바그다드로 모였다가 세계 곳곳으로 팔려 나갔답니다.

이슬람교가 널리 퍼진 것을 두고 "한 손에는 칼, 한 손에는 『쿠란』"이라는 말을 하기도 해요. 칼을 들고 정복 전쟁을 벌여 정복지 주민에게 종교를 전파했다는 거죠. 13세기 이탈리아의 신학자 토마스 아퀴나스가 이런 말을 했다고도 하고, 19세기 영국의 역사학자 토머스 칼라일이 그랬다고도 해요.

대부분의 이슬람교도는 이슬람교를 이런 말로 표현하는 걸 무척 억울해 한답니다. 이슬람교는 정복한 지역 사람들이나 포로들에게 칼을 휘두르며 믿으라고 강요해 퍼져 나간 게 아니거든요. 오히려 세금을 내면 원래 믿는 종교를 자유롭게 믿도록 해 주었어요.

"종교에는 강요가 없다."

쿠란 2장 256절에 쓰여 있는 말이에요. 신앙과 종교의 문제는 강압과 강요의 대상이 아니라는 것을 경전에 명시해 둔 것이지요. 이슬람교는 전 세계에서 두 번째로 많은 사람들이 믿는 종교예요. 『쿠란』의 해석에 대해서는 의견이 분분하고, 이로 인한 다툼도 종종 있어요. 이럴 때 누구나 평등하게 대하고, 있는 그대로를 인정하는 이슬람교의 포용력을 모두가 다시금 되새겨 본다면 어떨까요?

한눈에 쏙! 세계사 돋보기

이슬람은 어떻게 대제국을 건설할 수 있었을까요?

무함마드가 이슬람교를 창시한 뒤 100년도 안 되어 이슬람은 대제국을 건설했어요. 이슬람이 짧은 시간 동안 거대한 제국을 세울 수 있었던 비결은 무엇일까요?

첫째는 이슬람교가 인종이나 계급, 종교를 차별하지 않았기 때문이에요. 신 앞에서는 모두가 평등하다는 교리를 충실히 따랐지요.

둘째는 정복지 주민의 종교를 인정해 주었기 때문이에요. 정복지 주민이 '지즈야'라는 세금을 내면 본래 믿던 종교를 그대로 믿을 수 있게 해 주었거든요. 또 아라비아 사람이 아니라도 이슬람교를 믿을 수 있게 했고, 개종을 하면 관리가 될 수 있는 파격적인 기회를 주었어요.

셋째는 합리적인 세금 제도 덕분이에요. 정해진 기준을 따라 세금을 걷었어요.

마지막으로 이슬람교도들이 신의 뜻을 위해 싸운다는 지하드 정신으로 정복 활동에 열정적으로 참여했던 게 영토를 넓히는 비결이 되었지요. 이슬람 세력은 우마이야 왕조, 아바스 왕조, 파티마 왕조 등 여러 왕조를 세우며 10세기까지 번영을 누렸답니다.

이슬람교의 경전인 『쿠란』이에요. 다른 나라 말로 번역되면서 본래 뜻이 훼손되거나 왜곡될 것을 우려해 원칙적으로는 번역을 금지해요.

크리스트교는 오랜 세월 로마로부터 인정받지 못했어요. 로마에서 모시는 신을 위해 제사 지내기를 거부하고 오직 하느님과 예수만을 섬긴다는 이유에서였죠. 크리스트교를 믿는 사람들을 괴롭히고 억눌러도 노예를 비롯한 하층민과 여성들 사이에 크리스트교를 믿는 사람이 계속 늘어났어요. 번영을 누리던 로마 제국이 흔들리기 시작하자 크리스트교를 믿는 사람들이 걷잡을 수 없이 많아졌어요. 결국 로마 황제는 크리스트교를 공식적으로 인정했어요.

이후 크리스트교는 로마의 국교가 되며 유럽 전역에 빠른 속도로 퍼져 나갔어요. 크리스트교의 영향력이 날로 커지자 교회와 교황의 힘이 황제보다 커지기도 했어요. 1088년에 교황이 된 우르바누스 2세는 누구보다 교황의 힘이 커지기를 바랐지요.

로마 교황 우르바누스 2세는 비잔티움 제국의 황제 알렉시오스 1세로부터 편지 한 통을 받았어요. 이슬람 세계의 셀주크 왕조가 크리스트교의 성지인 예루살렘을 빼앗고, 비잔티움 제국의 땅을 자꾸 침범하니 도와 달라는 것이었어요. 교황 우르바누스 2세는 미소를 지었어요.

"드디어 내가 기다리던 기회가 왔군."

당시 크리스트교는 서유럽의 로마 가톨릭과 비잔티움 제국의 그리스 정교로 나뉘어져 있었어요. 교황 우르바누스 2세는 그리스 정교를 로마 가톨릭 교회 아래에 두어 크리스트교를 하나로 통일하고 싶어 했지요. 그렇게 되면 교황의 힘이 강해질 테니까요. 거기에 셀주크 왕조 때문에 마음 놓고 가지 못하는 예루살렘까지 되찾는다면 교황의 권위가 로마 제국의 황제보다도 높아질 거라 생각했어요.

교황 우르바누스 2세는 프랑스 클레르몽에서 종교 회의를 열었어요. 유럽 각국의 왕들과 영주, 성직자, 평신도 등이 한데 모였지요.

비잔티움 제국은 어떤 나라일까요?
로마 제국의 테오도시우스 황제가 죽고 나자 두 아들이 땅을 동쪽과 서쪽으로 나누어 다스렸어요. 지금의 로마를 중심으로 한 서로마 제국과 지금의 이스탄불인 콘스탄티노플을 중심으로 한 동로마 제국으로 나뉜 것이지요. 서로마 제국은 100년도 못 가 멸망하고 말았지만, 동로마 제국은 서로마 제국이 멸망한 이후에도 무려 1,000여 년간 역사를 이어 나갔어요. 이 동로마 제국이 바로 비잔티움 제국이랍니다.

　우르바누스 2세는 속마음은 숨긴 채 셀주크 왕조가 비잔티움 제국을 위협하는 상황을 설명했어요. 이슬람 세력이 크리스트교의 성지인 예루살렘을 차지하고 있는 것은 크리스트교도들에겐 부끄러운 일이니 군대를 보내 되찾자고 호소했어요.

　우르바누스 2세의 연설은 회의에 참석한 사람들의 마음을 단번에 사로잡았어요. 모두 크리스트교의 명예를 회복하기 위해 당장 무기

를 들고 전쟁터로 달려 나가 싸워야 할 것만 같았지요.

사람들의 마음을 읽은 우르바누스 2세가 큰 소리로 외쳤어요.

"하느님이 그것을 원하신다!"

그 말에 감격한 사람들이 똑같이 따라 외쳤어요.

"하느님이 그것을 원하신다!"

곧바로 예루살렘을 되찾기 위한 원정대가 꾸려졌어요.

제후, 기사, 농민, 상인 등 너도나도 목숨을 걸고 싸우겠다고 나서며 원정대는 순식간에 10만 명이 되었어요. 어마어마한 숫자였지요. 원정대의 전투복 앞뒤에 구원을 상징하는 십자가가 새겨져 있었기 때문에 십자군이라고 불렀어요.

십자군 원정대는 크리스트교의 성지인 예루살렘을 되찾아 신의 구원을 얻겠다고 했어요. 그러나 이건 겉으로 드러난 이유일 뿐, 저마다 다른 목적을 갖고 있었답니다.

교황과 성직자는 전쟁을 통해 로마 가톨릭의 세력을 넓히려고 했어요. 지배층인 영주는 새로운 영토를 개척해 그 땅을 지배하고 싶어 했고, 기사는 전쟁에서 승리해 전리품을 얻고자 했어요. 또 상인들은 새로운 장삿길을 뚫어 돈을 벌 생각이었고, 농민은 영주의 땅에서 농사를 짓고 세금을 바치는 고된 생활에서 벗어나 자유를 누리고 싶어 했어요. 아, 물론 깊은 신앙심만으로 전쟁에 참여한 사람도 있었고요.

이처럼 다양한 목적을 가진 제1차 십자군이 예루살렘으로 출발했어요. 150여 년간 이어진 십자군 전쟁이 시작된 것이지요.

십자군은 셀주크 왕조의 지배자가 죽어 혼란한 틈을 타 공격에 박차를 가했어요. 성지 예루살렘을 되찾으며 전쟁을 승리로 이끌었어요.

그런데 이 과정에서 십자군은 이슬람교도와 유대교도라면 남녀노소를 가리지 않고 잔인하게 죽였어요. 또 크리스트교가 아닌 다른 종교를 믿는 사람들을 모두 추방하겠다고 했지요. 같은 크리스트교인 비잔티움 제국의 그리스 정교까지 인정하지 않았어요. 게다가 예루살렘을 비잔티움 제국에 돌려주기는커녕 마치 자기네 영토라도 되는 양 예루살렘에 왕국을 세우기까지 했답니다.

전쟁은 여기서 끝나지 않았어요. 십자군이 예루살렘 왕국을 세운 지 90여 년이 지났을 때 이슬람 세력이 다시 예루살렘을 차지했거든요. 교황은 황급히 2차, 3차 십자군을 보냈지만 이슬람 세력을 무너

예루살렘은 어떤 곳인가요?

오늘날 이스라엘의 동쪽 끝에 있는 도시 예루살렘은 크리스트교, 유대교, 이슬람교에서 모두 성지로 받드는 곳이에요. 크리스트교 입장에서는 예수 그리스도가 십자가에 못 박혀 숨을 거두었다가 부활한 곳이라 성지고, 유대교 입장에서는 다윗왕이 처음으로 이스라엘의 수도로 삼은 뒤, 솔로몬 왕이 성전을 세운 곳이라 성지예요. 또 이슬람교 입장에서는 이슬람교의 창시자인 무함마드가 천사와 하늘로 올라갔다 왔다는 바위 사원이 있는 곳이라 성지예요.

뜨리긴 어려웠어요. 결국 1192년에 이슬람 세력이 크리스트교도들의 예루살렘 성지 순례를 허락해 준다고 하면서 전쟁을 잠시 멈추었어요.

그로부터 10년 뒤 4차 십자군 전쟁이 시작되었어요. 이 전쟁에서는 글쎄 십자군에게 도움을 청했던 비잔티움 제국을 공격하여 무자비하게 약탈하고, 수도인 콘스탄티노플을 점령해 나라를 세우기까지 했어요.

프랑스의 화가 외젠 들라크루아가 그린 〈십자군의 콘스탄티노플 함락〉이에요.
십자군 전쟁의 참상과 고통을 생생하게 묘사하고 있어요.

그 뒤로도 십자군은 여러 차례 원정을 떠나 이슬람 세력과 전쟁을 벌였어요. 전쟁이 길어지면서 성지인 예루살렘을 되찾겠다는 목적은 온데간데없어지고 말았어요. 사람을 죽이고 재물을 강제로 빼앗으며 십자군에 나선 소년들을 노예로 팔아 버리는 기막힌 일까지 일어났지요. 십자군 전쟁은 총 8차례의 십자군이 파견되고 나서야 마무리가 됐어요.

'하느님이 그것을 원하신다!'는 한마디에서 시작된 십자군 전쟁은 안타깝게도 '종교라는 이름으로 저질러진 가장 추악한 전쟁'이 되고 말았답니다.

 **한눈에 쏙! 세계사 돋보기**

십자군 전쟁이 끝난 뒤 유럽 사회는 어떻게 변했을까요?

　십자군 전쟁은 유럽 사회에 큰 변화를 불러일으켰어요. 신을 가장 중요하게 생각했던 믿음이 무너지기 시작한 거예요. 사람들은 교회와 교황을 무조건적으로 따르지 않게 되었어요. 하느님이 원하신다는 교황의 말을 듣고 시작한 전쟁에서 성지 예루살렘을 되찾지 못한 것은 물론, 수많은 사람이 전쟁에 시달리다 목숨을 잃었으니까요. 영토와 재물을 얻을 욕심으로 전쟁에 참여했던 영주와 기사들은 권력이 약해졌어요. 전쟁에 참여하는 동안 자기 땅을 돌보지 못해 수입이 줄었고, 또 전쟁에 필요한 돈을 대느라 재산이 거덜나 자연히 권력을 잃게 되었지요.

　반면, 왕의 힘이 강해졌어요. 교황에게 쏠렸던 힘이 왕에게로 옮겨 온 것이지요. 상인들은 어깨에 힘을 주게 되었어요. 전쟁을 통해 동방 지역과의 장삿길이 뚫리면서 무역이 활발해졌고, 이로 인해 상업이 크게 발달했거든요. 이탈리아의 피렌체와 베네치아, 남독일의 아우크스부르크 등의 상업 도시가 번영했답니다.

후추는 금과 은으로 맞바꿀 만큼 값비싼 향신료였어요. 십자군 전쟁을 통해 유럽에 전해졌는데, 당시 가장 중요하게 거래되는 상품 중 하나였지요.

　또한 수학, 천문학 등 이슬람 세계의 앞선 문물이 유럽에 전해졌어요. 아라비아 숫자가 전해진 것도 바로 이때지요. 인도와 중국의 문물까지 전해지며 서유럽은 문화적으로 눈부신 발전을 할 수 있었어요. 혹시 하느님이 원하신 '그것'이란 바로 이런 문화의 발전이 아니었을까요?

성을 쌓는 자 망하고, 길을 가는 자 흥하리라!

칭기즈 칸 (1162~1227년)

유럽이 십자군 전쟁을 치르며 혼란을 겪는 동안, 아시아에서는 유목 민족의 활약이 두드러졌어요. 만주 일대에 살던 유목 민족인 여진족이 부족을 통일해 '금'이라는 나라를 세우더니 중국 대륙을 다스리던 '송'을 남쪽으로 몰아냈어요. 금나라는 단번에 동북아시아의 가장 큰 나라로 성장했지요. 나라가 커진 와중에도 금나라는 몽골 초원의 유목 민족인 몽골족을 경계했어요. 뿔뿔이 흩어져 가난하게 살고 있지만 몽골족에는 뛰어나고 용맹한 전사들이 많았거든요.

칭기즈 칸은 몽골의 작은 부족을 세계 제국으로 키워 낸 영웅이었어요. 칭기즈 칸의 이야기를 시작해 볼까요?

12세기 몽골 초원에는 수많은 부족이 흩어져 살아가고 있었어요. 초원의 거친 땅에는 늘 먹을 것이 부족했기 때문에 싸움이 끊이지 않았어요.

칭기즈 칸은 몽골족 중 하나인 보르지긴족의 족장, 예수게이의 아들로 태어났어요. 칭기즈 칸의 어릴 적 이름은 테무친이었지요.

테무친이 9살 때 아버지 예수게이가 경쟁 부족인 타타르족에게 독

살을 당했어요. 원래대로라면 아버지의 뒤를 이어 족장이 되어야 했으나 나이가 어리다는 이유로 그 자리를 친척들에게 빼앗겼어요. 어디 자리뿐인가요? 재산과 권력도 모조리 빼앗겼지요. 게다가 테무친 가족만 버려두고 부족 전체가 떠나 버렸어요. 황량한 초원에 아버지가 없는 가족이 버려진다는 건 죽으라는 말이나 마찬가지였어요.

테무친 가족은 먹을 것을 구하지 못해 늘 배를 곯았고, 가족의 목숨을 노리는 사람들의 위협 속에서 근근이 살아남았어요.

"반드시 똑같이 되갚아 주고 말테다!"

테무친은 복수를 다짐하며 강인한 사람으로 자라났어요. 어른이 된 테무친은 점차 힘을 키워 자신을 따르는 사람들을 모았어요. 그런 다음 먼저 아버지를 죽인 원수인 타타르족에게 복수했어요. 케레이트족, 나이만족, 메르키트족 등 큰 부족을 차례차례 꺾으며 세력을 키웠어요. 몽골 초원의 모든 부족이 테무친에게 고개를 숙이게 되었지요.

1206년, 몽골의 모든 부족이 모여 정치적, 군사적인 일을 결정하는 전통 회의인 쿠릴타이가 열렸어요. 이 자리에서 테무친은 몽골 전체를 다스리는 최고 지도자로 뽑혔어요. 새로운 지도자가 된 테무친은 칭기즈 칸이라 불렸어요. 칭기즈는 '강력하다'는 뜻이고, 칸은 '왕'이라는 뜻이에요. 몽골의 모든 부족을 하나로 통일한 강력한 지배자, 칭기즈 칸이 탄생한 역사적인 순간이었답니다.

몽골 전체를 손에 넣은 칭기즈 칸은 초원 밖으로 시선을 돌렸어요.
"몽골 초원에 머물지 말고 세상 밖으로 나가자! 싸워서 영토를 넓히고 몽골 사람들을 배불리 먹이자!"

칭기즈 칸은 더 큰 목표를 위해 지금까지와는 다른 강하고 조직적인 군대를 만들어야 한다고 생각했어요. 그래서 먼저 각 부족장이 거느린 군대를 뿔뿔이 흩어지게 했어요. 부족 군대는 친척이나 형제들로 이루어져 칭기즈 칸보다 부족장의 말을 따랐거든요.

칭기즈 칸은 몽골 사람들을 십호, 백호, 천호 단위로 구성해 다스리는 '천호제'를 실시했어요. 10명을 하나의 군사 단위로 묶어 십호라 하고, 십호를 10개 모아 백호, 백호를 10개 모아 천호, 천호를 10

개 모아 만호를 만드는 식으로 조직하는 것이었어요. 천호제에 속한 모든 남자를 몽골 군사로 삼아 거대한 군대를 만들었어요.

또 모든 군사가 따라야 할 엄격한 규칙도 만들었어요. 전쟁터에서 개인적으로 물건을 빼앗는 걸 금지했어요. 대신 전쟁에서 승리해 전리품을 얻으면 성과에 따라 나눠 주기로 했어요.

준비를 마친 칭기즈 칸이 칼날을 빼 들었어요. 첫 번째 상대는 금나라였어요.

칭기즈 칸은 금나라의 수도인 중도(현재 중국의 수도인 베이징)를 점령하고 중국의 북쪽 땅을 차지했지요.

몽골군은 화려하고 풍요로운 금나라 수도의 모습에 감탄했어요. 초원을 떠돌며 살던 몽골 사람들에게 도시의 삶은 특별해 보였지요.

칭기즈 칸 군대의 모습을 그린 그림이에요.

신하들이 칭기즈 칸에게 넌지시 권했어요.

"칸, 이곳에 머무시는 게 어떻겠습니까?"

몽골족에게 한곳에 정착한다는 건 그저 생활 방식을 바꾸는 문제가 아니었어요. 몽골족은 소와 양을 몰고 풀을 찾아 떠돌아다니며 사는 유목 민족이잖아요. 이동하기 편리하도록 천막 같은 게르를 치고 살아가는데 정착 생활이라니요. 한곳에 머무는 삶이란 지금의 상황에 만족하고 그만 멈추라는 의미이기도 했지요.

칭기즈 칸은 고개를 저었어요. 이쯤에서 멈출 생각이 전혀 없었어요. 몽골족이 더욱더 넓은 땅을 차지하길 바랐지요.

"성을 쌓는 자 망하고, 길을 가는 자 흥하리라!"

칭기즈 칸의 다음 목표는 호라즘 제국이었어요. 호라즘은 중앙아시아의 북서쪽 지역을 다스리는 이슬람 국가였지요.

칭기즈 칸은 처음에는 상업이 발달한 호라즘과 무역을 할 생각이었어요. 그러나 호라즘에서 칭기즈 칸이 보낸 사절단을 죽이는 사건이 일어났어요. 칭기즈 칸이 사과와 보상을 요구했지만 호라즘 제국의 왕이 단호히 거절했어요.

"감히 나를! 우리 몽골을 우습게 보다니!"

칭기즈 칸은 대규모 군사를 이끌고 호라즘 제국으로 향했어요. 화려했던 호라즘의 상업 도시는 몽골군의 말발굽 아래 파괴되었어요.

게르는 어떤 집인가요?
게르는 몽골의 전통 가옥이에요. 버드나무나 느릅나무 가지로 원통형의 뼈대를 세우고 그 위에 짐승의 가죽을 덮어 만드는 이동식 집이랍니다.

14세기 원나라 때 그려진 칭기즈 칸의 초상화예요. 칭기즈 칸의 실제 모습을 보고 그린 초상화는 남아 있지 않아요.

 이후 칭기즈 칸이 이끄는 몽골군은 러시아 남부, 페르시아 등 아시아와 유럽에 걸친 드넓은 영토를 차지했어요.

 칭기즈 칸은 계속 앞으로 나아갔어요. 칭기즈 칸의 새로운 목표는 중국 북서부에 위치한 '서하'라는 나라였어요. 서하의 군사들이 전력을 다해 맞서 싸웠지만 몽골군에게는 상대가 되지 않았어요. 그러나 칭기즈 칸은 1227년, 서하와의 전쟁을 마무리하기 위해 군사를 이끌고 오다가 갑작스럽게 죽음을 맞이하고 말았어요.

 들쥐를 잡아먹어야 할 만큼 가난했던 몽골의 한 소년이 온갖 역경을 딛고 일어나 칸의 자리에 오르고, 불과 20여 년만에 대제국을 세운 전설 같은 역사가 막을 내린 것이지요.

칭기즈 칸의 죽음에 대해서는 정확히 알려진 게 없어요. 몽골 제국의 역사를 기록한 『원사』라는 역사책에서 칭기즈 칸을 몽골에 있는 '기련곡'이라는 곳에 묻었다고 전하고 있으나 실제로 확인되지는 않았어요.

칭기즈 칸은 몽골인이 세운 대제국을 유지하기 위해 후손에게 두 가지를 당부했어요. 하나는 비단옷을 입지 말라는 거였어요. 비단옷을 입으면 행동하기 불편해 결정을 망설이게 된다고 생각했어요. 또 하나는 벽돌집을 짓지 말라는 거였어요. 사람이 집을 짓고 살면 집 안을 채우고 싶고, 채운 것을 빼앗길까 봐 쉽게 두려움을 느낄 수 있다는 이유에서였지요.

"성을 쌓는 자 망하고, 길을 가는 자 흥하리라!"고 외쳤던 칭기즈 칸의 멈추지 않는 도전 정신은 몽골인의 가슴에 아직도 깊이 새겨져 있답니다.

 **한눈에 쏙! 세계사 돋보기**

칭기즈 칸이 죽은 뒤 몽골 제국은 어떻게 되었을까요?

칭기즈 칸의 셋째 아들인 오고타이가 몽골 제국의 새로운 지도자가 되었어요. 오고타이는 칭기즈 칸의 뜻을 이어받아 계속해서 땅을 넓혔어요. 동쪽으로는 금나라를 완전히 정벌하고, 우리나라인 고려를 침략하였지요. 서쪽으로는 러시아, 헝가리, 폴란드 등을 정복하며 유럽 대륙의 절반 이상을 차지했어요.

또 몽골 고원에 카라코룸이라는 수도를 세웠어요. 카라코룸에서 정복지로 가는 도로에는 역참을 만들었지요. 역참은 상인이나 사신들이 여행 도중 잠을 자고, 말이나 낙타를 갈아탈 수 있도록 한 정류장 겸 호텔이에요. 역참을 따라 칸의 명령이 정복지 곳곳에 빠르게 전달되었고, 동양과 서양의 문물이 교류되며 상업과 문화가 발달했지요.

제5대 칸인 쿠빌라이는 수도를 오늘날 중국의 베이징으로 옮기고 나라 이름을 원이라고 했어요. 원나라는 중국 땅 전체를 다스리며 100여 년간 번성했어요. 원나라에는 동서로 연결된 교역로를 따라 전 세계 상인들이 모여들었어요. 서민들도 연극 공연을 즐길 만큼 풍요로운 삶을 누렸답니다.

원나라에서 사용했던 지폐와 지폐를 찍었던 판이에요. 원나라의 인쇄술은 유럽으로 전해졌어요.

아라비아 상인들로부터 푸른빛을 띠는 안료가 전해져 청화백자를 만들기 시작했어요.

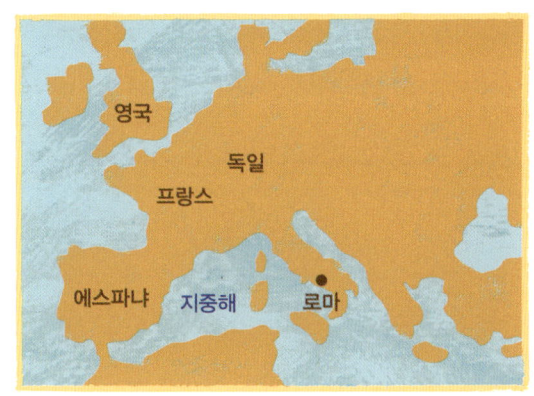

 14세기 이탈리아 상인들은 동방 무역을 통해 큰돈을 벌었고, 귀족과 같은 호화로운 생활을 누리게 되었어요. 화려한 궁전을 짓고 아름다운 그림과 조각으로 집 안을 꾸몄지요.

 이때 주목받았던 예술 작품은 이전과는 달랐어요. 신 중심의 작품이 아닌 인간이 중심이 되어 세상을 바라보는 작품이었어요. 인간의 감정이 풍부하게 살아 있는 그리스·로마 시대의 문화를 되살려 새로운 문화를 일으키고자 한 거예요. '르네상스'라고 부르는 이러한 문화 운동은 유럽 전체로 퍼져 나갔어요.

 새로운 분위기 속에서 크리스트교를 바라보는 시선도 달라졌어요. 교회가 무엇을 하든 신의 뜻이라고 따르던 사람들이 교회의 잘못을 지적하기 시작했어요. 마르틴 루터는 교회의 문에 교회의 잘못을 비판한 95개조 반박문을 내걸었어요.

1347년부터 유행해 유럽 인구의 3분의 1에 달하는 사람들의 목숨을 앗아간 페스트는 이후에도 300여 년간 곳곳으로 퍼지며 사람들을 공포에 떨게 했어요. 사람들은 두 손 모아 간절히 기도를 드렸어요.
　"신이시여, 제발 목숨만 살려 주옵소서."
　하지만 그 어떤 기도로도 죽음을 막을 수 없었지요. 교황 레오 10세는 사람들의 마음을 보듬어 주기는커녕 면죄부를 팔며 돈벌이에 바빴어요. 면죄부란 교회에 돈을 바치면 그 사람이 지은 죄를 없애 준다는 증명서예요.
　교황은 유럽 곳곳에 판매원을 보내 면죄부를 팔았어요. 로마에 있는 성 베드로 대성당을 완공할 건축비를 마련하려면 많은 돈이 필요했거든요. 영국이나 프랑스는 왕의 힘이 세서 함부로 면죄부를 팔지

못했지만 교황의 영향력이 컸던 독일의 대주교에겐 면죄부를 팔 권리를 줬어요. 벌어들인 돈을 나눠 갖기로 하고요.

그런데 1517년 10월 31일, 로마 가톨릭교회는 물론 유럽 사회를 발칵 뒤집어 놓은 엄청난 사건이 일어났어요. 독일의 한 교회 정문에 면죄부 판매를 비판하는 벽보가 붙은 것이지요.

'면죄부를 사는 것보다 불쌍한 사람과 가난한 사람을 도와주는 게 더 선하다.'

마르틴 루터는 대학에서 법을 공부하다 신부가 되기로 결심하고 수도원에 들어가 신학을 공부했어요.

이 말은 면죄부가 결코 그 사람이 지은 죄를 없애 줄 수 없다는 뜻이었어요. 또 교황이 신의 대리인이라 하더라도 인간의 죄를 용서해 줄 수는 없다는 의미이기도 했지요. 벽보에는 로마 교황청에서 면죄부를 판매하는 게 왜 잘못된 일인지에 대한 이유가 95가지나 적혀 있었어요.

공개적으로 면죄부 판매를 비판하는 것은 로마 교황에게 도전장을 내미는 것과 같았어요. 겁도 없이 교회 문에 이런 글을 붙인 사람은 누구였을까요?

바로 마르틴 루터라는 젊은 신학자였어요. 루터는 믿음이 깊은 크리스트교 신자이며 대학에서 신학을 가르치는 교수로서 교회와 교황이 그릇된 일을 하는 걸 두고 볼 수만은 없었어요. 위험을 각오하고 목소리를 낸 거지요. 루터가 쓴 95개조 반박문은 날개 돋친 듯 독일 전 지역으로 퍼져 나갔어요. 그 무렵 활판 인쇄술의 발명으로 책을 한꺼번에 많이 찍어 낼 수 있었거든요.

사람들은 모이기만 하면 루터가 쓴 95개조 반박문 얘기로 토론을 벌였어요.

"맙소사! 면죄부가 교황의 돈벌이에 불과했다니!"

"하긴 교황도 사람인데 어떻게 인간의 죄를 용서하고 구원해 줄 수 있겠어."

이 일로 교회는 그야말로 발칵 뒤집어졌어요. 당장 마르틴 루터를 불러들여 주장을 취소하지 않으면 파문시키겠다고 했지요. 파문이란 크리스트교 신자에게는 굉장히 무서운 벌이었어요. 파문을 당하면 교회 의식에 참여할 수 없는 것은 물론이고 다른 신자들과도 만날 수가 없었어요. 뿐만 아니라 법의 보호도 받을 수 없었지요. 누군가 파문 당한 사람을 다치게 하거나 죽여도 처벌하지 않을 정도였어요. 그러니까 파문을 당한다는 건 목숨이 위태로울 만큼 위험한 처지에 놓이게 된다는 의미였답니다.

그러나 루터는 교회의 뜻에 따르지 않았어요.

구텐베르크가 발명한 활판 인쇄술

독일에서 태어난 요하네스 구텐베르크는 1440년 무렵에 서양 최초로 금속 활자를 만들었어요. 금속 활자는 한 번 만들어 놓으면 단단해서 오래 사용할 수 있고, 활자를 조합해 다양한 책을 대량으로 인쇄할 수 있었어요. 인쇄술이 발명되기 전까지는 사람이 일일이 손으로 내용을 적어 책을 만들었어요. 책 한 권을 베껴 적으려면 꼬박 두 달이 걸렸는데, 금속 활자를 이용한 인쇄술의 발명으로 일주일에 5백 권의 책을 만들 수 있게 된 거지요.

"나는 신에 대한 믿음이 굳건한 신자다. 또한 신학을 공부하는 학자로서 부정부패로 가득한 교회를 바로잡아야 한다. 그러니 내 주장을 굽힐 수 없다!"

교황으로부터 파문당한 루터는 한 영주의 도움으로 성에 몸을 숨겼어요. 루터는 『성경』을 독일어로 번역하는 일에 매달렸어요. 그때까지 『성경』은 라틴어로 쓰여 있어서 라틴어를 공부한 성직자나 학자들만 읽을 수 있었어요.

루터는 인간을 구원하는 것은 교회나 교황이 아니라 개인의 신앙심이라고 생각했어요. 신앙심이 깊어지려면 『성경』을 통해 하느님의 말씀을 깨달아야 한다고 여겼지요. 그러려면 보다 많은 사람이 『성경』을 스스로 읽을 수 있어야 했어요.

사람들은 너도나도 루터가 번역한 『성경』을 구해 읽었어요. 이제 독일 사람 누구나 성경을 읽고 하느님 말씀을 이해할 수 있게 되었지요. 루터는 부정부패로 물든 교회를 비판하며 오직 성경을 통해 구원을 얻을 것을 주장했어요. 루터의 주장에 많은 사람이 공감하며 박수를 보냈어요. 또 교회와 성직자들에게 변할 것을 요구했지요. 종교 개혁의 불길이 타오르기 시작한 거예요.

루터의 주장을 지지하는 사람들은 스스로를 '항의하는 사람들'이라는 뜻의 프로테스탄트라고 부르며 교회와 맞서 싸웠어요. 프로테스탄트 외에도 교회에 맞서 싸우는 다양한 교파가 생겨났어요.

결국 로마 가톨릭은 1555년 독일의 아우크스부르크에서 종교 회의를 열어 각 나라의 왕이 어떤 종교를 믿을지 결정하자고 했어요. 기존에 있던 로마 가톨릭을 구교, 새롭게 나타난 교파를 신교라고

아우크스부르크 화의를 통해 루터파 프로테스탄트 교회가 신앙의 자유를 공식적으로 인정받았어요.

불렀는데, 구교를 믿는 나라와 신교를 믿는 나라 사이에서 오랫동안 치열한 전쟁이 벌어지기도 했답니다.

　마르틴 루터에서 시작된 종교 개혁은 크리스트교를 신교와 구교로 나눈 걸로 끝나지 않았어요. 종교 개혁을 통해 사람들은 자신이 사는 세계를 다르게 보기 시작했거든요. 당연하게 받아들였던 많은 것에 대해 의문을 품고 이성적으로 맞는지 틀린지를 따져 보게 되었지요. 그래서 종교 개혁이 '신' 중심의 세계였던 중세에서 벗어나 '이성' 중심의 세계인 근대를 여는 역사적인 계기가 되었다고 말하기도 해요.

한눈에 쏙! 세계사 돋보기

유럽 전체로 퍼진 종교 개혁

마르틴 루터의 95개조 반박문을 계기로 일어난 종교 개혁은 유럽 전체로 퍼져 나갔어요. 그중에서도 가장 큰 영향을 받은 건 교회의 부정부패가 유난히 심했던 스위스였어요. 스위스의 종교 개혁은 맨 처음 츠빙글리가 시작했고, 그 뒤를 칼뱅이 이어받았어요. 칼뱅은 '예정설'을 주장했어요. 인간의 구원은 개개인의 노력에 의해 이루어지는 게 아니라 신에 의해 미리 정해져 있다는 거였지요. 그러니 누구나 구원 받을 것을 믿고 현재의 직업에 성실하게 임하며 검소하게 살 것을 강조했어요. 또 사업으로 이익을 얻는 건 축복이라고도 했지요.

장 칼뱅은 마르틴 루터의 교리를 지지했다 쫓기는 신세가 되자, 스위스 제네바로 도망가 종교 개혁 운동을 벌였어요.

칼뱅의 주장은 상공업자들에게 큰 환영을 받았어요. 당시엔 돈을 많이 버는 것을 부끄러운 일로 여기는 분위기가 있었거든요. 자본주의가 발달하기 시작한 영국과 프랑스에서 칼뱅의 교리를 믿는 사람들이 빠르게 늘어났고, 영국에서는 '청교도'로, 프랑스에서는 '위그노'로, 네덜란드에서는 '고이센'이라고 불리며 자리를 잡았답니다.

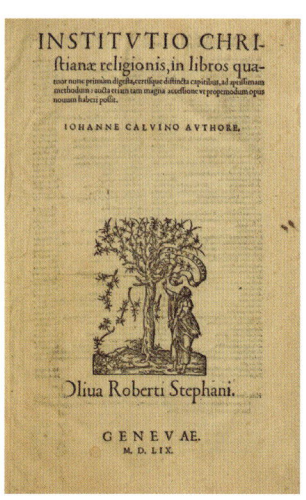

칼뱅이 쓴 대표작 『기독교 강요』예요. 루터에서 시작된 신교의 기본 정신과 교리를 체계적으로 정리했어요.

빵이 없으면 케이크를 먹게 해!

마리 앙투아네트 (1755~1793년)

　르네상스와 종교 개혁을 거쳐 교회와 교황의 힘이 약해지자 왕이 절대적인 권력을 쥐게 된 나라들이 생겨났어요. 에스파냐와 영국, 프랑스가 대표적이지요. 왕은 자신의 권력을 지켜 줄 군대와 관료를 거느리고 상업을 발달시켰어요. 왕실에 돈이 많아야 왕권을 유지할 수 있었기 때문이에요. 왕이 화려한 생활을 즐기는 동안 농민은 나라에 많은 세금을 바쳐야 했어요. 이로 인해 왕에 대한 불만이 점점 쌓였어요.

　프랑스 왕 루이 16세의 아내였던 마리 앙투아네트는 철없는 말 한마디로 프랑스 사람들의 분노를 샀어요. 어떻게 된 일이었을까요?

마리 앙투아네트는 오스트리아 최초의 여왕, 마리아 테레지아의 막내딸이에요. 자유분방하게 자란 마리 앙투아네트는 14살의 어린 나이에 프랑스의 왕자 루이와 결혼하며 왕세자비가 되었고, 18살엔 왕비의 자리에 올랐어요.

　두 사람은 오스트리아와 프랑스의 이해관계에 따라 결혼하게 되었어요. 루이 16세는 성격이 소극적이고 무심해 사교적인 성격의 마리 앙투아네트와 잘 맞지 않았어요. 마리 앙투아네트는 격식과 규율이 엄격한 프랑스 왕실에 적응해 살아가는 게 힘들었어요. 게다가 많은 프랑스 시민들이 오스트리아 사람이라는 이유만으로 마리 앙투아네트를 싫어하기도 했어요.

마리 앙투아네트와 루이 16세예요.

마리 앙투아네트는 파티를 자주 열고 화려한 생활을 즐겼어요. 사람들은 마리 앙투아네트가 돈을 많이 써서 빚이 늘어난다고 '적자 부인'이라고 불렀답니다. 이러한 와중에 다이아몬드 목걸이 사건이 일어났어요. 파리의 한 보석상이 마리 앙투아네트에게 선물하라며 루이 16세한테 2,800캐럿의 다이아몬드 목걸이를 팔려고 하다 거절당한 일이 있었어요. 그런데 이걸 알게 된 라모트 백작부인이 왕비가 목걸이를 갖고 싶어 한다는 편지를 거짓으로 꾸며 보석상에게서 다이아몬드 목걸이를 가로챘어요. 백작부인은 목걸이의 다이아몬드를 여러 개로 나누어 몰래 팔아 버렸지요. 마리 앙투아네트는 목걸이와 아무 상관이 없었지만 프랑스 사람들은 마리 앙투아네트가 사치스러운 생활을 한다며 여러 가지 나쁜 소문을 만들어 냈고, 마리 앙투아네트의 이미지는 바닥으로 떨어지고 말았어요.

그때 프랑스 왕실은 버는 것보다 쓰는 게 더 많아 적자에 시달리고 있었어요. 영국의 힘이 커지는 걸 막기 위해 미국의 독립 전쟁을 지원하느라 많은 돈을 썼거든요. 루이 16세는 돈을 마련할 길이 세금뿐이라 생각하고, 이 일을 논의하기 위해 삼부회를 열었어요. 1614년을 마지막으로 단 한 번도 열린 적이 없던 삼부회를 무려 175년 만에 연 거예요.

삼부회는 프랑스의 각 신분별 대표가 모여 나랏일을 의논하고 결정하는 의회예요. 성직자, 귀족, 평민 세 계급의 대표로 이루어졌지요. 평민에는 상인, 변호사, 하급 관리 등의 시민과 농민, 노동자가 속해 있었어요. 성직자와 귀족은 프랑스 땅의 40퍼센트를 가지고 있었지만 세금을 내지 않는 특별 신분이었어요.

 삼부회에서는 신분에 관계없이 모든 토지에 세금을 매겨 받겠다고 했어요. 평민에게만 걷던 세금을 성직자와 귀족에게서도 걷겠다는 말이었지요. 귀족들은 지금까지와 마찬가지로 세금을 안 내겠다는 입장이었고, 성직자들 역시 마찬가지였어요. 평민들은 분통이 터졌어요. 언제까지 자기들만 세금을 낼 수는 없다며 투표 방식을 바

꾸자고 항의했지요.

그동안 삼부회의 투표는 신분에 따라 한 표씩 행사하는 것이었어요. 성직자와 귀족 대표는 늘 같은 의견이었기 때문에 평민 대표의 투표는 하나마나였어요. 평민 대표가 언제나 2대 1로 밀렸지요. 평민 대표는 사람 수대로 투표를 하자고 했어요. 성직자 대표가 247명, 귀족 대표가 188명, 평민 대표가 500명이니 평민에게 훨씬 유리했거든요.

평민 대표들은 주장이 받아들여지지 않자 궁 안에 있는 테니스 코트에 모여 국민 의회를 만들고, 새 헌법을 만들 때까지 버티기로 했어요. 이것을 '테니스 코트의 서약'이라고 해요.

루이 16세는 어처구니없는 방법으로 일을 해결하려고 했어요. 글쎄 외국 군대를 동원해 국민 의회를 몰아내려고 한 거예요. 이 사실을 알고 분노한 파리 시민들은 군대를 만들어 바스티유 감옥으로 쳐들어 갔어요. 1789년 7월 14일, 프랑스 혁명이 시작된 거지요.

이 시기 프랑스 평민들은 이루 말할 수 없을 정도로 힘든 생활을 했어요. 극심한 흉년이 들어 빵값이 하늘 높은 줄 모르고 치솟았지요. 여기저기서 사람들이 굶어 죽었어요. 그런데도 나라에 바쳐야 하는 세금은 줄어들지 않았어요. 부모들은 배를 곯아 기운 없이 널브러진 자식들을 보며 애가 닳았지만 달리 어찌할 방법이 없었어요.

바스티유 감옥을 습격하는 프랑스 혁명군의 모습이에요.

 파리 시민들이 군대를 만들어 바스티유 감옥을 습격했다는 소식은 프랑스 곳곳으로 아주 빨리 퍼져 나갔어요. 국민 의회가 미국 독립 선언문의 영향을 받아 발표한 '프랑스 인권 선언'도 전국으로 퍼졌어요. 사람들은 '프랑스 인권 선언'에서 얘기한 자유와 평등에 대한 권리를 점점 더 열망하게 되었어요.
 "더 이상 당하고만 살 수 없다!"
 곳곳에서 수도원이나 귀족의 집을 공격하는 폭동이 일어났어요. 먹을 빵이 없어 굶주리기 때문에 사람들이 폭동을 일으킨다는 얘기를 들은 마리 앙투아네트가 했다는 말이 바로 **"빵이 없으면 케이크를 먹게 해!"** 예요. 프랑스 사람들의 분노가 치솟았어요. 빵조차 구하지 못하는데 빵보다 더 비싼 케이크를 먹으라니 굶주린 자식을 둔 부모들은 눈이 뒤집힐 지경이었지요.

사실 마리 앙투아네트는 이런 말을 한 적이 없답니다. 하지만 이 한마디는 마치 사실인 것처럼 프랑스 전체로 퍼져 나갔어요. 사람들에게 알려진 마리 앙투아네트의 사치스러운 이미지 때문이었지요.

사람들은 허기진 배를 움켜쥐고 목이 터져라 소리를 지르며 베르사유 궁으로 향했어요. 시위대의 맨 앞에 선 부녀자들은 굶어 죽어 가는 자식의 안타까운 모습을 떠올리며 피를 토하듯 외쳤어요.

"더 이상 굶주릴 수 없다!"

억눌려 살았던 수많은 사람의 울분이 프랑스를 뒤흔들었어요. 왕이 나라를 다스리는 왕정 체제를 없애자는 요구가 빗발쳤어요. 이에 루이 16세가 마리 앙투아네트와 오스트리아로 도망치려고 했지만 시민들이 만든 군대에 붙잡히고 말았어요.

파리 시민들은 왜 바스티유 감옥으로 쳐들어갔을까요?

바스티유는 14세기 백년 전쟁 때 영국군으로부터 파리를 지키기 위해 지어졌어요. 이후 성으로 쓰이다가 루이 13세 때부터 프랑스의 정치에 반대하는 정치범을 가둬 놓는 감옥으로 쓰였어요. 파리 시민들은 이 감옥에 있는 화약과 무기를 얻기 위해 쳐들어갔던 것이고, 이때 갇혀 있는 죄수들도 풀어 주었답니다.

결국 1792년 9월, 왕정이 폐지되고 공화정이 선포되었어요. 루이 16세는 외국 세력과 공모한 죄로 1793년 1월 단두대에서 목숨을 잃었지요.

마리 앙투아네트 역시 얼마 지나지 않아 과도한 사치로 국고를 낭비한 죄, 오빠인 오스트리아 황제와 짜고 프랑스를 침략한 죄 등으로 사형을 선고받았어요. 감옥에 갇혀 있는 동안 백발이 되어 버린 마리 앙투아네트는 하얀 드레스 차림으로 처형대에 올랐어요.

하지도 않은 말로 사람들의 분노를 산 마리 앙투아네트는 그렇게 단두대의 이슬로 사라지게 되었어요.

한눈에 쏙! 세계사 돋보기

프랑스 혁명 뒤에 다시 황제가 등장했다고?

프랑스는 혁명으로 왕을 몰아내고 시민이 주인이 되는 공화국을 세웠어요. 이제 시민이 뽑은 사람들이 나라를 다스리게 된 거예요. 수많은 사람의 피와 눈물로 이뤄 낸 결과였지요.

그런데 공화국을 세우고 불과 10여 년 만에 다시 황제가 다스리는 나라로 돌아왔어요. 황제는 바로 '내 사전에 불가능은 없다'는 말로 유명한 나폴레옹이었어요. 나폴레옹은 프랑스 혁명 당시 프랑스를 공격해 온 오스트리아와 프로이센의 군대를 물리치고 프랑스를 지킨 영웅이었지요.

프랑스 사람들은 목숨 걸고 쫓아냈던 왕을 왜 다시 받아들인 걸까요? 오랜 전쟁과 정치 세력 간의 잇따른 다툼에 지쳤기 때문이었어요. 나폴레옹이라면 프랑스 사람들의 어려움을 헤아려 나라를 잘 이끌어 주지 않을까 기대했던 거예요. 나폴레옹은 독단적으로 나라를 다스리긴 했지만 프랑스 혁명의 이념을 유럽의 각 나라에 퍼뜨렸어요.

프랑스는 이후에도 여러 차례의 혁명을 통해 시민의 권리를 찾아갔답니다.

프랑스의 화가 자크 루이 다비드가 그린 〈알프스를 넘는 나폴레옹〉이에요. 모두 불가능하다고 했지만 나폴레옹은 험준한 알프스 산맥을 넘어 이탈리아를 차지했어요.

　미국은 나라를 세우기 전 오랫동안 영국의 지배를 받았어요. 영국의 지배에서 벗어나 독립된 나라를 이루기 위해 8년 동안 전쟁을 치렀지요.
　미국의 독립 전쟁을 '독립 혁명'이라고도 불러요. 전쟁에 참여했던 북아메리카 13개 주가 하나의 중앙 정부를 둔 나라, 미국을 만들면서 세계 역사상 최초의 민주 공화국을 세웠기 때문이에요. 나라의 주권을 국민이 가지고, 국민의 뜻에 따라 나라를 다스리는 민주주의가 이때 도입되었어요. 이후 미국의 많은 사람들이 민주주의 이념을 바탕으로 나라를 성장시켰어요. 그중 에이브러햄 링컨은 미국 민주주의 역사에 중요한 한마디를 남긴 인물이에요.

미국이 나라를 세우고 약 70년이 흐른 뒤인 1850년 무렵, 노예제를 폐지하는 문제를 두고 남부와 북부 사이의 갈등이 깊었어요. 남부는 노예제를 유지하자는 입장이었고, 북부는 노예제를 폐지하자는 입장이었지요. 이렇게 입장이 다른 데에는 서로 다른 이유가 있었어요.

공업이 발달한 북부에서는 공장에서 일할 노동자가 많이 필요했어요. 남부의 흑인 노예를 해방시켜 더 많은 사람이 공장에서 일할 수 있길 바랐지요.

반면, 남부에서는 흑인 노예가 꼭 필요하다고 주장했어요. 남부에는 큰 규모의 목화 농장이 많았는데, 면제품의 원료인 목화는 일일이 사람의 손으로 따서 손질해야 했거든요. 이 일을 지금껏 흑인 노예들이 해 왔던 거지요. 더구나 노예는 돈을 주고 산 재산이었으니 노예제를 폐지하면 자신들의 재산을 빼앗긴다고 생각했어요.

에이브러햄 링컨은 바로 이런 시기에 미국의 제16대 대통령이 되었어요. 링컨이 대통령이 되자 남부와 북부의 갈등은 더욱 심해졌어요.

목수의 아들로 태어난 링컨은 집안 형편이 어려워 22살 때부터 뱃사공, 가게 점원, 우체국장, 측량 기사 등 각종 일을 하며 돈을 벌었어요. 그 와중에도 늘 책을 보며 혼자 공부해 변호사 자격증을 땄지요.

링컨은 49살 때인 1858년에 공화당 후보로 일리노이 주 상원 의원

에이브러햄 링컨이 『노예 해방 선언』 초판을 발표하는 모습이에요.

선거에 나갔어요. 이때 노예 제도에 대한 의견을 확실히 밝혔어요.

"미국의 독립 선언문에는 모든 인간이 동등하게 창조되었으며, 자유와 행복을 추구할 권리가 있다고 밝히고 있습니다. 그런데 어째서 인간이 다른 인간을 노예로 부린단 말입니까? 흑인 노예는 노예제에서 벗어나 인간다운 삶을 살 권리가 있습니다."

링컨은 비록 선거에서 졌지만 노예 제도를 폐지해야 한다는 확고한 신념을 밝혀 사람들에게 강한 인상을 남겼어요. 링컨이 대통령이 되자 북부 사람들은 열렬한 지지를 보냈어요.

하지만 남부 사람들은 링컨을 대통령으로 받아들일 수 없었어요. 남부의 사우스캐롤라이나주가 가장 먼저 미국 연방 정부에서 탈퇴

사우스캐롤라이나의 민병대가 미국 연방 정부의 군사 기지인 섬터 요새를 공격하며 남북 전쟁이 시작되었어요.

하겠다고 했어요. 그후 남부의 6개 주가 잇따라 연방에서 탈퇴하고 '남부 연합'이라는 새로운 나라를 세워 대통령까지 뽑았어요. 링컨의 노예 제도 폐지에 대한 강력한 거부였지요.

남부와 북부의 갈등은 점점 깊어졌고, 결국 1861년에 전쟁이 벌어졌어요. 먼저 총사령관 로버트 리 장군이 이끄는 남군이 북군을 몰아붙였어요. 수많은 전투에서 남군이 승리했지요. 전쟁은 남군과 북군이 엎치락뒤치락하며 2년 넘게 이어졌어요. 1863년 7월에는 게티

연방 정부란?

하나의 정부가 국가 전체를 다스리는 게 아니라, 자치권을 가진 여러 개의 지방 정부들이 공통된 정치 이념을 갖고 모여 하나의 국가를 이루는 것을 말해요. 미국은 각기 독립적인 13개의 주가 모여 하나의 나라를 이룬 연방제 국가로 시작했어요. 현재는 50개 주가 있으며, 미국 국기에 있는 별 50개가 바로 이 주들을 의미해요.

즈버그 평원에서 두 군대가 맞붙었어요.

"이곳만 빼앗으면 우리 남군이 승리할 것이다! 오랜 전쟁을 끝내자!"

리 장군의 외침과 동시에 7만 5천 여 명에 달하는 남군이 총을 쏘며 달려 나갔어요. 게티즈버그 평원이 남군으로 까맣게 뒤덮였지요. 그때 사방에서 대규모의 북군이 총탄과 대포를 쏘며 몰아닥쳤어요. 북군은 군사의 수가 남군보다 많았고, 반드시 이기겠다는 결의에 차 있었어요. 북군의 군사들 중에는 수많은 흑인이 있었어요.

게티즈버그 전투가 있기 전인 1863년 1월, 링컨은 '노예 해방령'을 발표했어요. 남부 연합 정부의 노예를 해방시킨다는 내용이었지요. 링컨의 발표에 힘을 얻은 수많은 흑인이 북군에 지원해 전쟁터로 나

갔어요. 자유와 평등을 위해, 인간의 존엄성을 지키기 위해 목숨을 걸고 뛰어든 거예요.

총탄이 소나기처럼 쏟아져 내리는 게티즈버그 평원에서 북군과 남군은 사흘 밤낮으로 치열하게 싸웠어요. 사망자와 부상자가 4만 명 넘게 쏟아져 나오며 평원이 피로 물들었어요. 북군보다 남군의 피해가 훨씬 컸지요.

더 이상 군사들을 죽게 할 수 없었던 리 장군은 패배를 인정하며 후퇴 명령을 내렸어요. 곧바로 게티즈버그 평원에 북군의 깃발이 꽂히며 승리의 함성이 울려 퍼졌어요. 이 전투의 승리로 승세를 잡은 북군은 세차게 남군을 몰아붙였어요.

게티즈버그 전투가 끝나고 4개월 뒤, 게티즈버그 평원에 묘지가 만들어지고 장례식이 치러졌어요. 노예 해방을 위해 귀한 목숨을 바친 사람들을 기리기 위한 것이었지요. 전쟁에서 목숨을 잃은 군사의 가족들을 비롯하여 셀 수 없이 많은 사람이 모인 가운데 링컨이 연단에 올랐어요.

"우리의 선조는 모든 사람이 자유 속에서 평등하게 창조되었다는 신념으로 나라를 탄생시켰습니다."

링컨은 연설에서 노예도 국민의 한 사람으로서 자유와 평등을 당당히 누리며 인간다운 삶을 살 수 있는 세상이야말로 진정한 민주국가를 이루는 길이라고 했어요. 또 이를 위해 목숨을 바친 수많은 군사의 희생이 헛되지 않도록 미국을 자유와 평등의 나라로 만들어야 한다고 힘주어 외쳤지요. 링컨은 다음과 같은 말로 역사에 길이 남을 연설을 마무리했어요.

"국민의, 국민에 의한, 국민을 위한 정부는 이 땅에서 사라지지 않을 것입니다."

'국민의 정부'란 나라의 주인이 국민인 정부이며, '국민에 의한 정부'란 국민이 정치에 참여해 나라를 다스리는 정부이며, '국민을 위한 정부'란 국민의 어려움을 덜어 주고 국민에게 힘을 주는 정부를 뜻하는 말이에요. 민주주의의 핵심을 한마디로 드러낸 명언이자 남북 전쟁이라는 엄청난 희생을 치르고서야 비로소 알게 된 민주주의의 참뜻이었지요.

참된 민주주의를 이루길 원한 링컨의 바람대로 남북 전쟁은 북군의 승리로 끝이 났어요. 4년 동안 이어진 남북 전쟁에 무려 500만 명이나 되는 사람들이 전쟁터로 나갔고, 그중 목숨을 잃은 사람이 61만 8천 여 명이었어요. 너무나도 많은 희생이 뒤따른 전쟁이었지요. 그러나 남북 전쟁을 계기로 노예제가 폐지되어 흑인들은 고통스러운 노예의 삶에서 벗어날 수 있었어요. 더불어 미국은 인종과 관계없이 누구나 똑같은 권리를 누리며 나라의 주인이 되는 진정한 민주주의 국가를 향한 걸음을 내딛게 되었답니다.

한눈에 쏙! 세계사 돋보기

남북 전쟁이 끝난 뒤 흑인들의 삶은 어떻게 바뀌었을까요?

 남북 전쟁이 북부의 승리로 끝난 1865년, 링컨은 미국의 헌법을 바꾸어 노예 제도를 법으로 금지시켰어요. 약 400만 명에 달하는 흑인 노예들이 자유의 몸이 되었지요. 그러나 노예 제도가 폐지되었다고 곧바로 흑인이 백인과 똑같은 대우를 받은 건 아니었어요. 오랫동안 흑인을 노예로 부렸던 많은 백인이 여전히 노예 제도를 폐지하는 걸 반대했거든요.
 에이브러햄 링컨 대통령은 노예 제도를 지지하는 사람에게 암살당하고 말았어요. 남부의 몇몇 백인은 KKK단이라는 조직을 만들어 흑인들을 괴롭혔어요.
 흑인들의 피해가 갈수록 심해지자 미국 정부는 법적으로 흑인들을 보호할 필요를 느꼈어요. 그래서 1867년 흑인의 시민권을 보장하는 법안을 통과시켰어요. 어느 누구도 법의 정당한 절차 없이는 흑인의 생명과 재산, 자유 등을 빼앗을 수 없도록 한 것이지요. 또 흑인이 미국 국민으로서 당당히 나라의 정치에 참여할 수 있도록 투표권을 줬어요. 하지만 이런 여러 가지 노력에도 불구하고 미국에서 흑인은 아주 오랫동안 차별과 편견에 시달렸답니다.

KKK단은 백인을 상징하는 흰색 천을 머리에 쓰고 흰색 가운을 입었어요.

　18세기 후반 영국에서 산업 혁명이 시작되었어요. 사람 손으로 조금씩 만들어 내던 각종 물건을 기계로 엄청나게 많이 만들게 된 것이지요. 기차가 발명되고 철도가 놓이며 더 많은 물건이 더 빨리 만들어졌어요. 농사를 짓던 사람들이 일자리를 찾아 공장이 있는 도시로 몰려들었어요. 기업가와 법률가의 힘이 세졌고, 장사를 하고 돈을 벌어 풍족한 생활을 즐기는 사람도 많아졌어요.
　반면 공장에서 일하는 노동자들은 빛이 들어오지 않는 좁은 집에 여럿이 모여 살며 끼니조차 제대로 먹지 못하는 경우가 많았어요. 쉬는 날은 물론 쉬는 시간도 없이 일해야 했지요. 노동자들은 정당한 대우를 받기 위해 노동조합을 만들고 곳곳에서 투쟁을 벌였어요. 이때 지금까지와는 전혀 다른 새로운 세상을 꿈꾸는 사람들이 생겨났어요. 그 가운데 카를 마르크스는 모두가 공평하게 나눠 가지는 세상을 꿈꿨어요.

마르크스는 1818년에 독일에서 태어났어요. 아버지가 변호사였기 때문에 부족할 것 없는 어린 시절을 보냈고, 8남매 중 뛰어나게 총명해 가족의 기대를 한 몸에 받았어요. 아버지의 뜻에 따라 변호사가 되려고 대학의 법학부에 입학했지만, 오래 다니지 못했어요.

청년 시절의 마르크스는 모범적인 학생과는 거리가 멀었어요. 술을 마시고 난동을 부려 학생 감옥에 붙잡혀 들어가기도 하고, 패싸움을 벌이기도 했어요. 다니던 대학을 여러 번 옮기며 철학에 빠져들었고, 결국 법학이 아닌 철학 박사 학위를 받았어요.

마르크스는 학교를 졸업한 후 '라인 신문'의 편집장으로 일했어요. 정치, 경제 등 사회 문제를 날카롭게 꼬집는 기사를 실었지요. 정부에서는 젊은 사람들의 답답한 가슴을 시원하게 긁어 주는 이런 기사를 싫어했어요. 신문 발행이 금지되고, 편집장직도 그만둬야 했어요.

엥겔스는 누구일까요?

프리드리히 엥겔스는 독일의 경제학자이며 정치가, 철학자예요. 방직 공장을 운영하는 사장의 아들로 태어나 집안의 사업을 잇기 위해 젊은 시절 여러 공장에서 일했어요. 영국 맨체스터 공장에 있을 때 공장의 노동자들과 어울리며 사회 문제에 큰 관심을 갖게 되었지요. 이후 마르크스를 만나 노동자들을 위한 운동을 주도하게 되었고, 마르크스와 함께 『공산당 선언』을 써서 발표하며 공산주의를 창시했어요.

마르크스는 독일을 떠나 프랑스 파리로 갔어요. 이곳에서 사회주의자들과 어울리며 평생의 동지이자 둘도 없는 벗 엥겔스를 만났고, 함께 노동자들을 위해 일하기로 마음을 모았어요.

이 시기 유럽은 영국에서부터 전해진 산업 혁명으로 곳곳에 공장이 세워졌어요. 도시의 수많은 사람 중 돈이 있는 사람들은 점점 더 큰 부자가 되었지만 공장에서 일하는 노동자들은 계속 가난했어요. 돈이 있는 사람들이 공장을 운영해 벌어들인 돈을 공평하게 나누어 가지면 좋을 텐데 그렇지 않았거든요.

돈과 공장이 있는 자본가는 이익을 많이 남기기 위해 노동자에게 임금을 가능한 적게 주려고 했어요. 노동자는 받는 돈이 적어도 당

장 일자리가 있어야 먹고살 수 있기 때문에 공장에서 일하는 걸 그만둘 수 없었어요. 하루 종일 고된 노동에 시달리고도 입에 풀칠하기조차 어려운 날들의 반복이었지요.

자본을 가진 사람이 이익을 얻기 위해 경제 활동을 하는 것을 자본주의라고 해요. 마르크스의 눈에 비친 자본주의는 너무나도 이치에 맞지 않았어요. 당시 마르크스처럼 벌어들인 돈을 공평하게 나누고 노동자의 권리를 찾아야 된다고 생각하는 사람들이 있었어요. 이 사람들을 '사회주의자'라고 불렀는데 모두가 협동하는 평등한 공동체를 꿈꾸었지요.

마르크스는 노동 운동을 좀 더 자유롭게 하기 위해 벨기에로 갔어요. 벨기에에 공산당 단체를 세우고, 엥겔스와 함께 단체를 이끌어갈 방향을 제시한 글을 썼어요. 그게 바로『공산당 선언』이에요.『공산당 선언』을 통해 공산주의라는 새로운 이념을 만들어 낸 것이지요.

1848년, 영국 런던에서 '공산주의자 동맹'이 열렸어요. 유럽 각지에서 활동하는 노동 운동가들이 한데 모인 자리였지요.

마르크스는 연단에 올라『공산당 선언』을 발표했어요. 선언문은 몇 페이지 안 되는 짧은 분량이었지만 앞으로 세계 노동 운동이 어

1948년 2월 런던에서 출간된『공산당 선언』의 표지예요.

떻게 나아가야 하는지에 관한 내용이 담겨 있었어요. 마르크스는 선언문의 마지막 문장을 힘주어 읽었어요.

"만국의 노동자여, 단결하라!"

자본주의가 가진 자에게만 유리하고 노동자에게는 굶주림만 주고 있으니 이를 바꾸기 위해서는 노동자들이 힘을 모아 목소리를 내야 한다고 요청한 거였지요. 이날의 선언문은 수많은 노동자와 사회주의자에게 큰 자극을 주었어요. 그러나 마르크스는 혁명을 부추긴다는 이유로 벨기에와 파리 등에서 추방당하며 여러 나라를 전전해야 했어요.

마르크스는 영국 런던에서 생의 마지막 시기를 보냈어요. 영국에서의 생활은 고통스러웠어요. 먹을 것이 없어 끼니를 거르고 옷이

전당포에 잡혀 있어 외출을 못 할 정도로 가난에 시달렸어요. 엥겔스가 여러 차례 도움을 주었지만 생활이 나아지지 않았지요.

그런 와중에도 마르크스는 노동자 문제에 대한 연구를 계속했어요. 가진 자와 못 가진 자로 나뉘는 자본주의를 무너뜨리고 평등한 사회를 이루겠다는 신념으로 『자본론』 제1권을 발표했어요. 이 책에는 자본주의란 무엇인가에 대한 마르크스의 생각이 담겨 있어요. 나머지 제2권과 제3권은 마르크스가 죽은 뒤 엥겔스에 의해 출판되었어요. 마르크스의 사상은 '마르크스주의'라고 불리며 전 세계에 큰 영향을 미쳤어요. 유럽 각지에서 사회주의 운동이 일어나는 계기가 되었지요.

1917년에는 러시아에서 마르크스 사상에 영향을 받은 최초의 사회주의 정권이 탄생했어요. 노동자와 농민이 중심이 된 소비에트 정부는 황제를 몰아내고 사회주의 국가를 세우며 혁명을 성공시켰어요. 체코슬로바키아, 헝가리, 유고슬라비아 등에서도 사회주의 혁명이 일어났어요. 아시아에서는 중국과 북한 등이 사회주의 국가를 세웠답니다.

 한눈에 쏙! 세계사 돋보기

소련의 탄생과 해체

1900년대 초, 산업 혁명이 일어난 러시아에는 많은 노동자가 생겨났어요. 적은 돈을 받으며 가혹한 노동에 시달리던 노동자들은 '함께 일하고 골고루 나눠 갖는 평등한 사회'를 꿈꾸는 사회주의 사상에 열광했어요. 러시아의 사회주의 혁명을 주도한 레닌 역시 마르크스 사상에 영향을 받아 노동자가 러시아를 변화시킬 수 있다고 생각했어요.

사회주의 혁명에 성공한 러시아와 러시아 주변의 나라들은 1922년, 러시아를 중심으로 소비에트 사회주의 공화국 연방, 즉 소련을 만들었어요. 소련은 여러 나라가 사회주의라는 공통의 정치 이념으로 동맹을 맺은 연방 국가였지요. 우크라이나, 벨라루스, 우즈베키스탄, 카자흐스탄 등이 소련에 속했어요.

소련은 강한 군사력을 바탕으로 발전해 나갔어요. 그러나 미국과의 오랜 군사 경쟁 때문에 1980년대부터 경제가 어려워졌고, 정치적 혼란을 겪었어요. 결국 러시아가 연방에서 탈퇴를 선언했어요. 뒤이어 다른 나라들도 독립하면서 소련은 1992년에 공식적으로 해체되었어요.

소련의 국기예요. 붉은색 바탕은 혁명을 상징하고, 금색의 낫과 망치는 농민과 노동자를 상징해요.

　20세기에 들어서면서 세계적인 규모의 전쟁이 두 차례나 일어났어요. 첫 번째 전쟁은 1914년부터 1918년까지 이어진 제1차세계대전이고, 두 번째 전쟁은 1939년부터 1945년까지 이어진 제2차세계대전이에요.

　제1차세계대전을 치르는 동안 수많은 사람이 죽거나 다쳤어요. 전쟁에서 살아남은 사람들은 망가져 버린 집과 공장을 다시 짓느라 고생이 이만저만이 아니었어요. 더 이상 전쟁만은 일어나지 않기를 바라는 사람이 많았지요.

　하지만 제1차세계대전이 끝난 뒤 고작 20여 년 만에 더 큰 규모의 전쟁이 일어났어요. 왜 또다시 전쟁이 일어난 걸까요? 전쟁의 시작점에 독일의 나치당을 이끈 아돌프 히틀러가 있었어요.

히틀러는 1889년에 독일 국경 근처의 오스트리아에서 세관원의 아들로 태어났어요. 어려서부터 그림에 재능이 있었지만 원하던 미술 대학에 입학하지 못하고 거듭 떨어졌어요. 변변한 직업을 갖지 못해 막노동을 하거나 그림엽서, 풍경화 등을 그려 팔며 살았지요.
　제1차세계대전이 일어나자 히틀러는 독일의 군인으로 나가 싸웠어요. 전쟁터에서는 뛰어난 군인으로 인정받아 여러 차례 훈장을 받았어요.
　전쟁이 끝나자 히틀러는 독일 노동자당이라는 정치 단체에 들어갔어요. 이 당은 얼마 후 '국가사회주의독일노동당'으로 이름을 바꿨는데, 바로 20세기 최고로 악명을 떨치게 될 나치당이었어요. 나치당은 나라를 위해서라면 개인의 자유와 권리는 포기해야 한다는

입장을 가진 당이었어요. 연설을 무척 잘했던 히틀러는 나치당의 이론가, 선동가로 활약했어요. 1921년에는 당을 대표하는 당수로 뽑혔지요.

그 당시 독일 경제는 심각하게 어려웠어요. 제1차세계대전에서 패배한 결과 많은 땅을 잃었고, 전쟁을 일으킨 책임으로 엄청난 금액의 전쟁 배상금을 승전국들에게 물어야 했거든요.

독일 정부는 배상금을 마련하기 위해 돈을 마구 찍어 냈고, 돈이 시장에 많이 풀리다 보니 물건값이 계속해서 오르는 인플레이션 현상이 나타났어요. 빵 한 개를 사먹기 위해 지폐를 수레로 한가득 싣고 가야 할 정도였지요. 엎친 데 덮친 격으로 1929년 말에 미국에서 시작된 대공황이 전 세계로 번지며 경제가 더욱더 어려워졌어요.

1931년 미국 시카고예요. 일자리를 잃은 사람들이 무료 급식소에 줄을 서 있어요.

대공황이란 무엇인가요?

1929년에서 제2차세계대전이 일어나기 직전인 1939년까지, 세계적으로 경제가 어려워 혼란스러웠던 상태를 '대공황'이라고 해요. 대공황은 1929년 10월 24일 목요일, 미국의 뉴욕 증권 거래소에서 주식값이 반토막으로 떨어지며 시작되었어요. '검은 목요일'이라고 불린 이날 이후 회사와 은행이 줄줄이 문을 닫고 수많은 노동자가 일자리를 잃었어요. 미국의 대공황은 유럽에 영향을 미쳤고, 당시 전쟁 배상금 문제로 힘들어하던 독일이 가장 큰 타격을 받았어요.

바로 이때 나치당과 히틀러가 독일 사람들의 마음속으로 교묘하게 파고들었어요. 나치당은 베르사유 조약이 부당하다고 강조했어요. 제1차세계대전 후 독일과 승전국들 사이에 체결된 조약이 베르사유 조약이에요. 전쟁에서 패배한 독일이 막대한 전쟁 배상금을 내야 한다는 게 이 조약에서 정해진 내용이었지요.

나치당의 주장은 경제난에 시달리던 독일 사람들에게 큰 호응을 얻었어요. 히틀러는 독일 민족이 세계에서 가장 우월한 민족이라고 하면서 유대인을 배척하는 정책도 펼쳤어요. 유럽 사람들이 오래전

1933년 나치당의 깃발을 든 군대의 모습이에요. 독일어로 하켄크로이츠라고 부르는 갈고리 십자가 모양을 나치의 상징으로 사용했어요.

부터 유대인을 싫어한다는 점을 이용해서 불만을 풀 대상을 만든 것이에요.

점점 더 많은 사람들이 나치당을 지지했어요. 나치당은 1932년에 독일의 제1당이 되었어요. 나치당을 이끈 히틀러는 대통령과 수상을 겸한 독일의 총통이 되었지요. 막강한 권력이 히틀러의 손에 들어온 거예요.

히틀러는 강한 독일을 만들겠다며 나라 전체를 통제했어요. 나치의 뜻에 반대하는 사람들을 찾아 벌을 주고, 노동 운동을 금지시켰어요. 신문, 방송 등의 언론에서는 나치당과 히틀러를 선전하도록 했어요.

한편으로는 경제를 살리기 위해 고속도로를 만들고 비행장을 짓는 등 대규모 건설 사업을 벌였어요. 이로 인해 일자리가 많아지자 히틀러는 독일의 영웅으로 떠올랐답니다.

그러자 위험한 욕심이 생겨났어요.

"세계에서 가장 우월한 민족인 독일인이 세계를 지배해야 해!"

히틀러는 전쟁 준비를 시작했고, 어느 정도 군사력이 갖추어지자 오스트리아와 체코슬로바키아를 공격했어요. 유럽에는 또다시 전쟁의 분위기가 감돌았지요.

제1차세계대전의 끔찍함을 기억하는 유럽의 나라들은 바짝 긴장했어요. 독일이 대규모 전쟁을 일으킬까 봐 조심했지요. 그러나 이

미 전쟁을 벌일 작정을 한 독일은 거침이 없었어요.

1939년 9월 1일, 독일 라디오에서 속보가 흘러나왔어요. 전날 밤 독일과 폴란드의 국경 지대에 위치한 방송국이 폴란드군에게 습격받았다는 소식이었지요. 뒤이어 히틀러의 목소리가 들렸어요.

"폴란드군이 어젯밤 우리 영토에 총을 발사했습니다. **우리도 4시 45분부터 응사하고 있습니다.** 이제부터 폭탄에는 폭탄으로, 독가스에는 독가스로 싸울 것입니다."

독일군이 모는 탱크가 폴란드 국경선을 넘어갔어요. 제2차세계대전이 시작된 거예요.

사실 폴란드는 독일을 공격하지 않았어요. 독일의 방송국을 공격한 건 폴란드군이 아니라 폴란드군 군복을 입은 독일군이었거든요. 전쟁을 일으킬 구실을 만들기 위해 독일에서 거짓으로 일을 꾸며 낸 거지요. 세기의 거짓말 한마디가 세계의 역사를 바꾸어 버렸어요.

독일은 폴란드의 수도 바르샤바를 점령한 뒤 곧이어 덴마크, 노르웨이, 네덜란드, 벨기에, 프랑스, 유고슬라비아, 그리스로 차례차례 쳐들어갔어요. 그리고 동쪽으로 눈을 돌려 소련을 공격했지요.

이때쯤 아시아 지역에서 일본이 전쟁을 일으키며 제2차세계대전은 아시아와 유럽, 미국 모두가 싸우는 전쟁으로 확대되었어요. 일본은 아시아 전체를 지배하고 싶어 했어요. 미국이 일본과의 무역을 끊는 등 자꾸 방해를 하자 1941년 12월 7일, 미군이 있는 하와이의 진주만을 기습 공격했어요. 미국은 공격을 받은 바로 다음 날 전쟁에 뛰어들었어요. 이제 제2차세계대전은 독일, 이탈리아, 일본 등의 8개국으로 이루어진 동맹국과 미국, 영국, 프랑스, 중국, 소련 등의 49개국으로 이루어진 연합국으로 나뉘어 싸우게 됐지요.

그 사이 승승장구하던 독일은 1944년 6월에 프랑스의 노르망디에서 연합군에게 지면서 눈에 띄게 밀리기 시작했어요. 같은 동맹국이었던 이탈리아가 연합국에 항복해 버렸고, 1945년 4월 25일에는 독일의 수도 베를린이 연합군에게 포위 당했어요.

상황이 이쯤되자 히틀러는 더 이상 물러날 곳이 없었어요. 이대로 독일이 전쟁에서 패배한다면, 전쟁을 일으킨 당사자인 히틀러가 패배에 대한 책임을 져야만 했어요. 결국 히틀러가 택한 방법은 죽음이었어요. 1945년 4월 30일, 히틀러는 스스로 생을 마감했어요.

히틀러가 죽고 나자 독일은 항복을 선언했어요. 동시에 유럽에서의 전쟁이 끝났지요. 태평양을 무대로 전쟁을 벌이던 일본은 8월 15일에 항복을 선언했어요. 그제야 인류 역사상 최대의 비극이라고 불리는 제2차세계대전이 끝이 났답니다.

제2차세계대전으로 인한 피해는 제1차세계대전과 비교할 수 없을 정도로 컸어요. 전쟁이 벌어진 6년 동안 수많은 사람이 죽었어요. 비단 전투에 참여한 군인만 목숨을 잃은 게 아니었어요. 하늘에서 떨어뜨린 폭탄과 전투기의 폭격으로 집에 있던 사람, 그저 길을 걸어가던 사람 등 평범한 수많은 사람이 목숨을 잃고 다쳤지요.

유대인은 제2차세계대전의 가장 큰 피해자 중 하나였어요. 전쟁 동안 이루어진 유대인 말살 정책으로 유대인은 아우슈비츠 강제 수용소 같은 곳으로 끌려갔어요. 수용소에 갇혀 지내다 죽임을 당했지요. 약 600만 명에 달하는 유대인이 희생되었다고 해요.

폴란드 바르샤바에서 약 300km 떨어진 곳에 있는 아우슈비츠 강제 수용소의 모습이에요.

우리나라가 입은 피해도 컸어요. 당시 일본의 식민 지배를 받던 우리나라 사람들은 강제로 전쟁터에 나가 싸워야 했고, 군수물품을 만드는 공장이나 탄광 등에서 노예처럼 일해야 했어요. 수많은 여자들이 일본군 '위안부'로 전쟁터에 강제로 끌려가는 수모를 겪었지요.

만약 히틀러라는 사람이 없었다면, 전쟁을 선포한 히틀러의 한마디가 없었다면 5,500만 명이 넘는 희생자를 만들고 아직도 치유되지 않는 후유증을 남긴 인류 최악의 전쟁은 일어나지 않았을지도 몰라요.

 한눈에 쏙! 세계사 돋보기

일본은 왜 무조건 항복을 했을까요?

제2차세계대전 때 일본은 인도차이나, 필리핀, 미얀마 등 동남아시아 대부분 지역을 침략했어요. 그러나 1942년 6월, 태평양 한가운데 위치한 미드웨이섬에서 벌어진 미군과의 전투에서 패배하면서부터 상황이 바뀌었어요. 이후 곳곳에서 벌어진 전투에서 패배를 거듭하였지요.

1945년에 독일이 항복을 선언하자 연합국이 일본에 무조건 항복을 권유했어요. 일본은 완강히 거부하며 맞서 싸우려고 했어요. 미국은 1945년 8월 6일 일본의 히로시마에, 9일에 나가사키에 원자 폭탄을 떨어뜨렸어요. 수만 명의 사람들이 목숨을 잃자 일본은 그제서야 무조건 항복을 선언했어요. 이와 함께 우리나라도 일본에게 나라를 빼앗긴 지 약 35년만에 광복을 맞이했답니다.

히로시마 평화 공원에 남아 있는 원폭돔이에요. 이곳에 원자 폭탄이 떨어졌을 때 유일하게 무너지지 않은 건물이라 지금까지 그 형태 그대로 보존하고 있어요.

　제2차세계대전이 끝나고 4년 뒤, 중국에서는 중화 인민 공화국이 세워졌어요. 중국의 지배 세력이 국민당과 공산당으로 나뉘어 대립하다 마오쩌둥이 이끄는 공산당이 승리해 세운 나라로, 지금의 중국이지요. 국가 주석이 된 마오쩌둥은 사회주의 경제 체제로 중국을 부유하고 튼튼하게 만들고 싶어 했어요. 하지만 모두가 함께 일해 평등하게 나눠 가지는 사회는 쉽게 이루어지지 않았어요. 경제가 어려워지고 굶어 죽는 사람들이 생겨났지요.
　이때 새로운 정책을 펴 중국이 부유한 나라가 될 수 있도록 이끈 사람이 바로 덩샤오핑이에요.

덩샤오핑은 1904년 중국 쓰촨성에서 태어났어요. 프랑스와 소련으로 유학을 다녀오면서 공산주의 운동에 참여했어요. 중국 공산당이 중화인민공화국을 세울 때에도 큰 역할을 했어요. 공산당을 이끄는 지도 세력 중 하나였지만, 덩샤오핑의 정치 인생은 그리 평탄하지 않았어요. 권력에서 밀려났다가 다시 돌아오기를 여러 차례 반복해야 했거든요. 가장 큰 시련을 맞이한 해는 1966년이었어요.

그 무렵 중국은 경제적으로 위기에 몰려 있었어요. 중국의 1대 국가 주석인 마오쩌둥이 1950년대 말에 펼친 '대약진 운동'이 실패하여 경제가 매우 어려워졌기 때문이에요.

마오쩌둥이 책임을 지고 물러나자 2대 주석에 오른 류사오치는 중

대약진 운동이란?

마오쩌둥은 중국의 빠른 경제 성장을 위해 '대약진 운동'이라는 경제 개발 정책을 펼쳤어요. 중국의 모든 농민을 '인민공사'라는 조직 속에 넣어 국가가 정한 목표에 따라 생산 활동을 하도록 한 거지요. 농민들은 열심히 일해 봤자 개인에게 돌아오는 게 없다는 걸 알고는 맥이 빠졌어요. 가뭄까지 겹쳐 농민들이 굶어 죽을 지경이 되면서 실패로 끝났답니다.

대약진 운동 당시 사용했던 용광로 '토법고로'예요. 할당량에 따라 철을 생산하기 위해 농기구까지 모두 용광로에 집어넣어야만 했어요.

국의 경제 발전을 위해 자본주의적 요소를 끌어들였어요. 농민들에게 조금씩이라도 개인 땅을 주어 농사의 생산력을 높이고자 한 것이었지요. 이 일에 적극적으로 나섰던 게 당 서기의 자리에 있던 덩샤오핑이었어요.

마오쩌둥은 자본주의적인 정책을 도입한 류사오치 주석과 덩샤오핑을 맹렬히 공격했어요. 덩샤오핑은 사회주의 체제를 무너뜨리는 위험한 사람으로 몰려 비난을 받고 쫓겨났어요.

마오쩌둥과 마오쩌둥을 따르는 사람들은 덩샤오핑처럼 개혁적인 생각을 가진 사람들을 총칼로 공격했어요. 1966년부터 무려 10여 년 동안 수많은 지식인이 죽임을 당하며 중국 전체가 대혼란에 빠졌어요. 이 사건을 '문화 대혁명'이라고 해요. 이를 통해 마오쩌둥은

마오쩌둥은 학생 중심의 홍위병을 앞세워 사회주의운동을 벌였어요.
홍위병들은 마오쩌둥의 사상 모음집인 '붉은 책'을 가지고 다녔어요.

다시 권력을 잡았고 덩샤오핑은 허름한 나사 공장의 노동자가 되었지요. 덩샤오핑은 답답한 마음을 눌러 참으며 때를 기다렸어요.

1976년 9월 마오쩌둥이 세상을 뜨자 다시 덩샤오핑에게 기회가 찾아왔어요. 덩샤오핑은 개혁과 개방을 주장하며 장차 중국의 미래를 바꾸어 놓을 명언을 남겼어요.

"검은 고양이든 흰 고양이든 쥐만 잘 잡으면 된다."

그 유명한 '흑묘백묘론'이지요. 흑묘백묘론은 덩샤오핑이 중국의 개혁과 개방을 주장하며 펼친 경제 정책을 말해요. '흑묘백묘'란 한자로 검은 고양이와 흰 고양이라는 뜻이에요. 청나라 때의 소설집 『요재지이』에 나오는 '황묘흑묘', 즉 '누런 고양이든 검은 고양이든'이라는 표현에서 비롯되었어요. 덩샤오핑이 "누런 고양이든 검은 고양이든 쥐를 잘 잡는 고양이가 좋은 고양이다."라는 말을 하며 황묘흑묘론이 시작되었고, 이후 다시 한 번 "검은 고양이든 흰 고양이든 쥐만 잘 잡으면 된다."라고 말하면서 흑묘백묘론이 되었답니다.

여기서 쥐를 잡는다는 것은 경제를 발전시킨다는 뜻이고, 고양이는 경제를 발전시킬 방법이라는 뜻이에요. 덩샤오핑은 고양이의 색깔이 검은색이든 흰색이든 중요하지 않다고 했어요. 중요한 건 중국 경제의 발전이니 자본주의 국가에서 사용하는 제도라도 꺼리지 말고 활용해야 한다고 주장했지요.

1981년 국가주석이 된 덩샤오핑은 과감한 경제 개방 정책을 추진했어요. 경제를 개방하기 전엔 다른 나라와 물건을 사고팔지 않았지만, 중국 동남부 해안 지역에 특별경제구역을 만들어 미국, 일본, 유럽의 여러 나라로부터 기술을 받아들이고 투자를 받았어요. 외국에 유학생을 보내 경제와 기술을 배워 오게 하고, 덩샤오핑도 자본주의를 배우기 위해 외국에 다녀왔지요.

덩샤오핑의 정책을 두고 걱정의 말들이 오갔어요.

"사회주의 국가에 시장이 생기고, 개인이 재산을 갖게 된다는 게 말이 돼?"

"자본주의 나라들처럼 가난한 사람은 계속 가난하고, 부자만 더 큰 부자가 되는 거 아니야?"

그러자 덩샤오핑은 '선부론'이라는 이론을 내세웠어요.

"지금 시행하는 정책들은 우리 인민 모두가 잘살기 위한 것입니

1975년 베이징에서 제럴드 포드 미국 대통령과 정상 회담을 하고 있는 덩샤오핑의 모습이에요.

다. 부유해질 수 있는 조건을 갖춘 사람과 지역이 먼저 부유해지는 게 좋습니다."

덩샤오핑은 개혁과 개방을 멈추지 않았어요. 그 결과 중국은 눈부신 경제 성장을 이루었고 중국 사람들의 생활 수준도 한층 높아졌어요. 중국의 변화에 전 세계 사람들이 깜짝 놀랐지요.

경제적으로 풍요로워지자 사람들의 마음 속에 정치적인 자유를 누리고 싶은 욕구가 생겨났어요. 마침 동유럽이나 아시아에 있는 사회주의 나라들에 민주화 바람이 불고 있다는 소식이 들려오자 그 욕구는 더욱 거세졌어요. 결국 1989년 6월, 자유를 바라는 중국 사람들의 열망이 터져 나왔어요. 100만 명이 넘는 중국 사람들이 베이징의 톈안먼 광장에 모여 시위를 벌였어요. 민주화를 요구하는 외침이 광장에 울려 퍼졌지요. 이에 중국 정부는 탱크와 총으로 시위대를 공격했어요. 1천 명이 넘는 사람이 그 자리에서 목숨을 잃었지요.

덩샤오핑은 경제적인 부분에서는 과감하게 자본주의 체제를 끌어왔지만 정치에서만큼은 사회주의 체제를 확고하게 유지하려고 했어요. 이 사건이 전 세계로 알려져 덩샤오핑은 많은 비판을 받았어요. 하지만 끝끝내 사람들의 자유화 요구를 무시했지요.

그럼에도 중국 사람들은 덩샤오핑을 '작은 거인'이라고 불러요. 키 150cm의 작은 체구로 중국을 경제 대국으로 만들며 크게 변화시켰기 때문이에요.

 한눈에 쏙! 세계사 돋보기

한 나라의 두 체제, 일국양제

쇼핑과 관광의 천국, 국제 금융 도시로 유명한 홍콩은 중국 동남쪽 끝에 있는 섬이에요. 홍콩은 1997년까지 영국의 지배를 받았어요. 1840년대에 중국, 즉 당시 청나라와 영국 사이에 아편 전쟁이 일어났는데, 전쟁에서 이긴 영국이 승리의 대가로 홍콩을 지배한 게 그 시작이었어요. 제2차세계대전 때 잠깐 일본의 지배를 받기도 했지만, 99년 동안 홍콩을 통치한 뒤 돌려주겠다는 조건으로 영국이 지배를 이어나갔어요.

홍콩이 중국에 반환될 때가 다가오자 많은 사람이 걱정의 시선을 보냈어요. 홍콩이 중국의 땅이 되면 사회주의 체제로 바뀔 텐데 그 과정에서 엄청난 혼란이 오는 게 아닐까 하는 것이었지요. 홍콩 반환을 앞둔 영국도 이 점 때문에 고민이 깊었고요. 두 나라는 여러 차례 홍콩 반환에 대한 의견을 나누었지만 쉽게 결론을 내리지 못했어요. 그때 덩샤오핑이 현실적인 제안을 했어요.

"나라는 하나지만 두 가지 체제를 인정하겠습니다."

중국은 사회주의 체제이지만 홍콩에서는 자본주의 체제를 그대로 유지하겠다는 뜻이었어요. 한 국가가 두 개의 정치 체제를 갖는 '일국양제' 체제가 탄생한 거예요. 덩샤오핑은 홍콩이 중국으로 반환되고 50년 동안 자본주의 체제를 유지할 것을 약속했어요. 이에 따라 영국은 1997년 7월 1일 0시 정각에 홍콩을 반환했고 홍콩은 중국령이 되었답니다.

홍콩이 중국에 반환된 것을 기념해 만든 골든 보히니아 광장이에요.

추천의 글

이 책은 인류의 4대 문명 발상지 중 하나인 메소포타미아에서부터 현대의 중국에 이르기까지 세계사를 아주 쉽고도 재미있게 풀어 주고 있어요. 두 가지가 큰 강점인데, 우선 인물을 중심으로 줄거리를 꾸민 것이에요. 복잡한 세계사의 큰 흐름을 최대한 간명하게 잡고 이야기의 중심에 격동과 전환을 상징적으로 보여 주는 인물을 내세웠어요. 또 다른 강점은 '딱 한마디'로 사건과 중심인물을 연관 지어 기억하기 쉽게 도와준다는 거예요. 세계사를 공부하는 학생들이 가장 힘겨워 하는 것이 생소한 지명과 인명을 사건과 함께 기억하는 일인데, 이 책이 마련한 족집게 같은 '한마디'들은 기억의 효과를 크게 높여 줄 것이라 확신해요.

20세기와 21세기에 인류는 역사상 어느 때보다 서로 긴밀하게 얽혀 살게 되었어요. 세계화 시대에 지혜롭게 살려면 어떻게 해야 할까요? 누군가는 컴퓨터와 인터넷을 능숙하게 이용하는 것이라 말하겠지만, 선생님은 세계사의 지식이 아주 중요하다고 생각해요. 세계 다른 지역의 사람들과 평화롭게 공존하려면, 세계 여러 나라의 역사와 문화를 잘 알아야 하니까요. 학생들이 세계사 공부를 통해 롤모델을 찾고 역사적 변화를 이끌겠다는 포부를 품어 보면 좋겠어요.

김경현(고려대 사학과 명예교수)

딱 한마디 세계사
인물 찾아보기

함무라비왕 ·············· 10~14쪽
?~기원전 1750년

바빌로니아 제1왕조의 제6대 왕이에요. 바빌로니아를 통일해 바빌론을 수도로 하는 대제국을 세웠고, 함무라비 법전을 만들어 중앙 집권 정치를 확립했어요.

석가모니 ·············· 18~22쪽
기원전 624년경~기원전 544년경

본래의 성은 고타마, 이름은 싯다르타예요. 불교를 창시했어요. 35살에 보리수 아래에서 깨달음을 얻어 부처가 되었다고 해요. 인도 각지를 다니며 가르침을 전하다가 80살에 세상을 떠났어요. 세계 4대 성인 중 한 사람이에요.

아소카왕 ·············· 23쪽
?~기원전 232년경

인도 마가다국 마우리아 왕조의 제3대 왕이에요. 인도 남부를 제외한 인도 전 지역을 통일했어요. 불교를 보호한 이상적인 왕으로 여겨져 많은 설화가 남아 있어요.

그라쿠스 형제 ·············· 27쪽
기원전 153년~기원전 121년, 기원전 163년~기원전 133년

형제 모두 고대 로마의 정치가예요. 형 티베리우스 셈프로니우스 그라쿠스는 호민관이 되어 토지 개혁법을 추진하다 반대파에게 죽임을 당했어요. 이후 동생 가이우스 셈프로니우스 그라쿠스가 호민관이 되자 형의 뜻을 이어 토지 개혁법을 다시 추진했어요. 또 시민권을 더 많은 사람에게 주고자 노력했지요.

카이사르 ·············· 27~32쪽
기원전 100년~기원전 44년

고대 로마의 군인, 정치가예요. 크라수스, 폼페이우스와 삼두 정치를 했고, 갈리아, 브리타니아와의 전쟁을 승리로 이끌었어요. 크라수스가 죽은 뒤 폼페이우스마저 몰아내고 독재관이 되었으나, 공화 정치를 옹호한 카시우스롱기누스, 브루투스 등에게 죽임을 당했어요.

크라수스 ·············· 27쪽
기원전 115년경~기원전 53년

고대 로마의 정치가예요. 카이사르, 폼페이우스와 로마 공화정 말기에 삼두 정치를 했어요. 파르티아 원정 도중에 목숨을 잃었어요.

폼페이우스 ·············· 27~30쪽
기원전 106년~기원전 48년

고대 로마의 장군이자 정치가예요. 스파르타쿠스의 반란을 진정시켰고 지중해의 해적을 물리쳤어요. 삼두 정치를 했어요. 카이사르와 맞서다 패배하여 이집트로 몸을 피하였지만 죽임을 당했어요.

브루투스 ·············· 31~32쪽
기원전 85년~기원전 42년

고대 로마의 정치가예요. 공화정 정치를 이어 나가야 한다고 생각해서 카이사르를 암살했어요. 이후 안토니우스, 옥타비아누스와의 싸움에서 패배해 스스로 목숨을 끊었어요.

아우구스투스 ·············· 32쪽
기원전 63년~14년

로마 제국의 제1대 황제예요. 본래의 이름은 가이우스 옥타비아누스지요. 레피두스, 안토니우스와 삼두 정치를 하다가, 악티움 해전에서 안토니우스를 물리친 후 로마를 다스렸어요. 예술과 문학을 장려해 로마 문화의 황금시대를 이루었어요.

토마스 아퀴나스 ·············· 40쪽
1225년경~1274년

이탈리아의 신학자, 철학자예요. 이성과 신앙의 조화를 추구하며 방대한 신학 이론의 체계를 세웠어요.

토머스 칼라일 ·············· 40쪽
1795~1881년

영국의 사상가, 역사가예요. 물질주의와 공리주의에 반대하여 인간 정신을 중요하게 여기는 이상주의를 주장했어요. 『프랑스 혁명사』, 『과거와 현재』, 『영웅 숭배론』과 같은 책을 썼어요.

우르바누스 2세 ·············· 43~48쪽
1035년경~1099년

로마의 교황이었어요. 신성 로마 황제 하인리히 4세

와 프랑스 왕 필리프 1세와 다투면서 교황의 힘을 키우고자 했어요. 1095년 클레르몽 종교 회의에서 성지 예루살렘을 되찾기 위해 제1차 십자군을 결성시켰어요.

알렉시오스 1세 ·············· 44쪽
1048~1118년

비잔티움 제국의 황제예요. 교황 우르바누스 2세에게 십자군 파견을 요청하여 소아시아 대부분의 땅을 되찾았어요. 황제의 힘을 키우고 대지주와 교회 세력의 힘을 약하게 만들었어요.

테오도시우스 황제 ·············· 44쪽
347~395년

로마의 황제예요. 크리스트교를 국교로 삼고 제국의 통일을 이루었으나, 두 아들에게 제국을 나누어 줘 로마가 동서로 갈라지게 되는 원인을 제공하였어요.

칭기즈 칸 ·············· 53~60쪽
1162~1227년

몽골 제국의 제1대 왕이에요. 본명은 테무친이고, 한자식 이름은 성길사한이에요. 몽골족을 통일하고 몽골 제국의 칸이 되었어요. 동서양에 걸친 대제국을 건설했어요.

예수게이 ·············· 54쪽
1134~1171년

몽골 부족을 일으킨 카불 칸의 손자이며, 칭기즈 칸의 아버지예요. 보르지긴족과 오랫동안 사이가 좋지 않았던 타타르족의 족장이 건네준 술을 마시고 독살을 당했다고 해요.

오고타이 ·············· 61쪽
1185~1241년

몽골 제국의 제2대 황제예요. 칭기즈 칸의 셋째 아들로 수도 카라코룸을 건설했어요. 중국 금나라를 멸망시키고 러시아에서 중부 유럽까지 땅을 넓혔어요.

쿠빌라이 ·············· 61쪽
1215~1294년

몽골 제국의 제5대 황제예요. 칭기즈 칸의 손자로, 중국 원나라를 세웠지요. 중국 남쪽의 송나라를 멸망시키고, 일본, 중앙아시아, 유럽에까지 이르는 대제국을 건설했어요.

마르틴 루터 ·············· 63~70쪽
1483~1546년

독일의 종교 개혁자, 신학 교수예요. 로마 교황청이 면죄부를 마구 파는 데에 대한 항의서 95개조를 발표하여 파문을 당했지만, 이에 굽히지 않고 종교 개혁의 계기를 마련하였어요.

레오 10세 ·············· 64쪽
1475~1521년

로마의 교황이었어요. 메디치가 출신으로 학문과 예술을 보호하여 로마를 르네상스의 중심지로 만들었어요. 성 베드로 대성당을 다시 짓는 데 필요한 돈을 구하기 위해 면죄부를 발행했어요.

구텐베르크 ·············· 67쪽
1397~1468년

요하네스 구텐베르크는 독일의 활판 인쇄 발명자예요. 금속 활자를 만들고 인쇄기를 발명해 『구텐베르크 성서』를 출판했어요.

츠빙글리 ·············· 71쪽
1484~1531년

스위스의 종교 개혁자예요. 루터의 영향을 받아 종교 개혁 운동을 펼치고 스위스의 신교도를 조직했어요. 루터와의 성찬 논쟁으로 유명해요.

칼뱅 ·············· 71쪽
1509~1564년

프랑스의 종교 개혁자예요. 스위스 제네바에서 종교 개혁을 했어요. 예정설에 따른 금욕의 윤리와 같은 엄격한 규율을 만들었어요.

루이 16세 ·············· 73~80쪽
1754~1793년

프랑스 부르봉 왕조의 마지막 왕이에요. 절대 왕정 대신 입헌 군주제를 세우려고 하던 중 프랑스 혁명이 일어났어요. 국민 공회로부터 사형을 선고받고 파리의 혁명 광장에서 단두대의 이슬로 사라졌어요.

마리 앙투아네트 ·············· 73~80쪽
1755~1793년

루이 16세의 왕비예요. 베르사유 궁전의 트리아농관에서 살았으며 아름다운 외모로 작은 요정이라 불렸어요. 프랑스 혁명이 시작되자 파리의 왕궁으로 연행되어 시민의 감시 아래 생활하다가 국고를 낭비한 죄와 반혁명을 시도하였다는 죄명으로 처형되었어요.

마리아 테레지아 ·············· 74쪽
1717~1780년

오스트리아, 헝가리, 보헤미아의 여왕이에요. 신성 로마 제국 황제 프란츠 1세의 아내로 카를 6세의 뒤를 이어 왕위에 올랐어요. 정치적 능력이 뛰어났다고 평가 받으며, 교육 제도를 새롭게 바꾸고 세금 제도를 개편했어요.

나폴레옹 ·············· 81쪽
1769~1821년

프랑스의 황제로, 1804년에 황제의 자리에 올라 유럽 대륙을 정복했어요. 트라팔가르 해전에서 영국 해군에 패하고 러시아 원정에도 실패해 황제 자리에서 물러났어요.

링컨 ·············· 83~91쪽
1809~1865년

미국의 제16대 대통령이에요. 남북 전쟁에서 북군을 이끌어 민주주의의 전통과 연방제를 지키고 1863년에 노예 해방을 선언했어요.

로버트 리 ·············· 86~88쪽
1807~1870년

미국의 군인이자 교육자예요. 남북 전쟁 당시 남군의 사령관이었어요. 전쟁이 끝난 뒤 워싱턴대학교의 학장을 지냈어요.

마르크스 ·············· 93~98쪽
1818~1883년

독일의 경제학자, 정치학자예요. 헤겔의 영향을 받아 무신론적 급진 자유주의자가 되었어요. 『공산당 선언』을 발표해 각 나라의 혁명에 불을 지폈어요. 『경제학 비판』, 『자본론』 등의 책을 남겼어요.

엥겔스 ·············· 95~98쪽
1820~1895년

독일의 사회주의자예요. 마르크스의 이론적, 실천적 활동을 경제적으로 지원하였으며 마르크스주의를 알리기 위해 노력했어요.

레닌 ·············· 99쪽
1870~1924년

소련의 혁명가, 정치가로, 본명은 블라디미르 일리치 울리야노프예요. 1917년, 러시아 11월 혁명의 중심 인물로서 러시아파 마르크스주의를 발전시켰어요. 최초의 사회주의 국가인 소련을 만들었어요.

히틀러 ·············· 101~110쪽
1889~1945년

독일의 정치가예요. 게르만 민족주의와 반 유대주의를 내세워 1934년에 독일의 총통이 되었어요. 제2차세계대전을 일으켰어요.

마오쩌둥 ·············· 114~115쪽
1893~1976년

중국의 정치가예요. 중국공산당에서 활동했어요. 장제스와의 내전에서 승리해 베이징에 중화인민공화국 정부를 세웠어요. 국가 주석 및 혁명 군사위원회 주석을 지냈어요. 문화대혁명을 일으켜 자신의 권력을 강화했어요.

덩샤오핑 ·············· 113~119쪽
1904~1997년

중국의 정치가예요. 문화대혁명으로 경제가 어려워진 중국에 자본주의 경제를 도입하고 개방정책을 추진했어요. 과감한 개혁 정책을 단행해 중국 경제를 크게 성장시켰어요.

류사오치 ·············· 114~115쪽
1898~1969년

중국의 정치가예요. 중국공산당 중앙위원회 부주석, 중앙정치국 상무위원 등을 지내고 마오쩌둥에 이어 국가 주석이 되었어요. 문화대혁명 과정에서 격렬한 비판을 받고 모든 공직을 내려놓았어요.